Dᵣ Edouard PLUYETTE

Chirurgien en chef des hôpitaux de Marseille

L'EXCRÉTION LACTÉE

DANS L'ART

———— ✳ ————

PARIS

SOCIÉTÉ FRANÇAISE D'IMPRIMERIE ET DE LIBRAIRIE

ANCIENNE LIBRAIRIE LECÈNE, OUDIN ET Cⁱᵉ

15, rue de Cluny, 15

1912

Dᵣ Edouard PLUYETTE

Chirurgien en chef des hôpitaux de Marseille

L'EXCRÉTION LACTÉE

DANS L'ART

PARIS

SOCIÉTÉ FRANÇAISE D'IMPRIMERIE ET DE LIBRAIRIE

ANCIENNE LIBRAIRIE LECÈNE, OUDIN ET Cⁱᵉ

15, rue de Cluny, 15

1912

L'EXCRÉTION LACTÉE

Dans l'Art

—

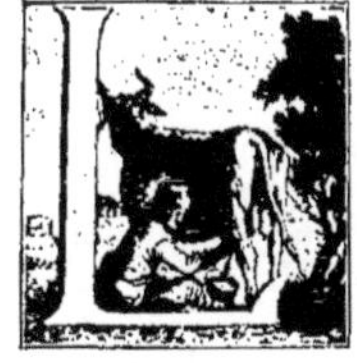

E sein ou la mamelle, organe glandulaire annexé à l'appareil de la génération, reste à l'état rudimentaire chez l'homme ; mais son développement normal suffit à caractériser le thorax féminin, dont il est à la fois le charme et l'ornement. Sa troublante plastique, son anatomie polymorphe, son idéale beauté, ont séduit tous les artistes, après avoir conquis tous les cœurs ; aussi la place du sein est-elle prépondérante dans la littérature, la poésie et les beaux-arts. Tous ces faits ont été chroniqués avec humour par WITKOWSKI, qui s'est fait, plus que bien d'autres, l'historiographe de la *Vie des seins*.

La physiologie de cet organe peut se réduire à deux fonctions, qu'Armand Silvestre, dans la strophe suivante, a décrites mieux et plus poétiquement que tous les savants :

> *Sous son col généreux il gonfla deux mamelles,*
> *Robustes à la soif comme aux enlacements,*
> *Où viennent boire, ainsi qu'à des coupes jumelles,*
> *La bouche des petits et celle des amants.*

Ainsi, excitation génésique du producteur et allaitement du produit sont les destinées que la nature a assignées à cet organe.

Comment ces faits anatomo-physiologiques ont-ils été interprétés par les artistes ?

L'excitation génésique que produit la vue d'un sein ne pouvait que tenter la palette des amoureux de la forme. Ils ne s'en sont pas fait faute. L'histoire, d'ailleurs, aussi bien la profane que la sacrée, les y incitait et ne leur laissait que l'embarras du choix, de Phryné dévoilant sa superbe nudité devant les regards concupiscents des séniles héliastes, jusqu'à Mme Putiphar étalant devant le chaste Joseph un sein gonflé de désirs impudiques.

D'apparence plus matérielle, l'allaitement est, sous bien des rapports, auréolé par l'amour maternel.

Victor Hugo a dit fort justement, dans le *Cid exilé* de la *Légende des siècles* :

> *Pour un petit enfant qu'elle allaite, la femme*
> *Montre superbement deux seins de marbre nus.*

Ainsi, selon leur inspiration ou leur tempérament, les artistes ont reproduit, tantôt une scène de poésie familiale, tantôt un tableau d'un réalisme nauséeux, sur lequel on jetterait volontiers le mouchoir de Tartuffe.

Nous ne nous attarderons pas à commenter ces faits de physiologie artistique trop connus, et dont le dénombrement remplirait un volume. Mais il est dans l'acte de l'allaitement un phénomène spécial, sur lequel l'attention paraît s'être beaucoup moins portée, au point de vue de sa reproduction dans l'art : c'est l'excrétion lactée.

Lorsque, sous l'influence de la fluxion laiteuse, vulgairement nommée montée du lait, le sein devient turgescent, il suffit d'une expression des doigts sur l'éponge mammaire pour faire jaillir le lait en jets multiples par les pertuis cribriformes du mamelon. C'est ainsi qu'opère le médecin qui procède à l'examen d'une nourrice. C'est ce phénomène particulier de l'excrétion du lait que nous voulons étudier dans l'histoire des Beaux-Arts.

Avant d'aborder cette étude chez la femme, seul but de ce travail, il est nécessaire d'en dire un mot dans l'espèce animale, où il constitue ce qu'on appelle la *traite* ; c'est ce que représente en tête de ce chapitre la lettre ornée que j'ai extraite des œuvres de François Boucher, par Paul Mantz : une paysanne, assise à terre dans une position plus imaginaire que réelle, fait jaillir le lait du pis d'une vache.

Il est intéressant de signaler ici que l'École hollandaise, si précise d'ordinaire et même si méticuleuse dans la recherche des détails de la vie populaire, s'est fort peu, du moins à ma connaissance, occupée de ce sujet. Et cependant, alors que dans nos contrées la traite s'opère dans l'étable, dans les campagnes des Pays-Bas c'est en plein air, aux yeux de tous, que se pratique cette opération journalière. C'est même un spectacle très pittoresque pour le voyageur qui traverse, emporté par un express, les plaines néerlandaises confondues avec l'horizon, d'assister malgré lui à cette tâche quotidienne. Quand le crépuscule apparaît, les vaches se rapprochent lentement, puis se groupent autour du pâtre et attendent patiemment leur tour de traite.

Quoi qu'il en soit, je n'en donnerai ici que deux exemples, et je les emprunterai l'un à l'école flamande, l'autre à l'école française.

Le premier, c'est *Jupiter et la chèvre Amalthée*, de JORDAENS (fig. 1).

On connaît peu ou prou l'histoire du fils de Saturne et de Rhée. Comme les bureaux de placement pour nourrices fonctionnaient assez mal à la Bourse du travail de l'Olympe, on ne trouva pas de remplaçantes ; d'un autre côté, comme on ne redoutait pas la fièvre de Malte pour le futur grand Zeus, on eut recours à l'allaitement par une chèvre, la chèvre Amalthée.

Celle-ci, d'ailleurs, remplit ses fonctions à l'entière satisfaction des parents et de l'enfant, puisqu'après son sevrage, le jeune glouton,

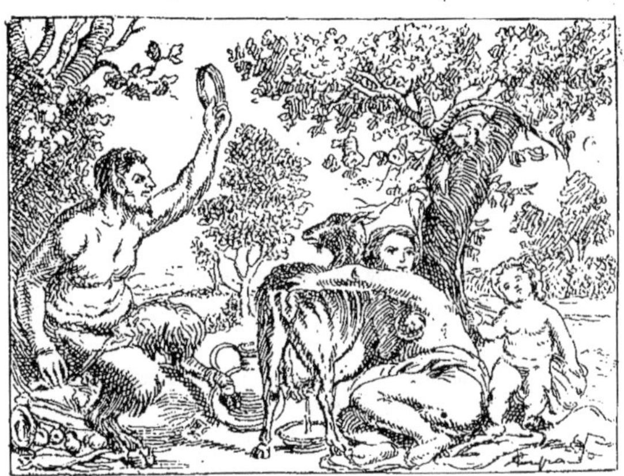

(Fig. 1.)

JORDAENS. — *Jupiter et la chèvre Amalthée.*

pour témoigner sa reconnaissance stomacale, transforma sa nounou en une de ces étoiles qui s'allument chaque soir au firmament, mais qui seraient à la veille de s'éteindre, si l'on en croit la menaçante prophétie d'un ministre contemporain.

Jordaens a conçu, sur cette légende mythique, une composition qui sort de l'habituelle banalité des allaitements par les animaux.

D'ordinaire, on place les nouveau-nés à même le pis de la bête, témoin les nombreux Romulus et Rémus collés aux flancs de la louve romaine. Brisant ce moule conventionnel, l'artiste flamand a substitué la traite à l'allaitement, ou plutôt s'est confiné dans un épisode de l'allaitement.

Amalthée, principal personnage de cette scène, occupe le milieu du tableau et se prête avec docilité à cette opération. Immobile, bien cadrée, les pattes de derrière légèrement écartées, la chèvre olympienne incline gracieusement la tête vers la gauche, suivant d'un regard résigné les évolutions d'un cerceau qu'agite dans l'air un faune aux pieds fourchus. Son attitude naturelle semble prise sur le vif,

On n'en peut dire autant de la femme qui exprime le trayon. D'abord, elle s'est installée sur un tapis qu'explique fort bien sa nudité ; mais ce tapis lui-même ne remplace que par un anachronisme le velours de la mousse ; tant il est vrai, comme l'a dit Fromentin, en parlant des transformations de l'École flamande, qu'à cette époque, « la fantaisie se mêle aux mythes. » Sa pose, incommode pour l'acte qu'elle accomplit, n'est heureuse que pour mettre en relief ses séduisants appas. Et c'est là une erreur de l'artiste, car en voyant cette poitrine si bien tétonnée, on se demande quelle nécessité il y avait à recourir à une chèvre.

La traite elle-même est non moins fantaisiste, et certainement Jordaens n'a jamais vu traire. Faire gicler le lait dans une jatte à bords plats, c'est s'exposer à perdre par des éclaboussures la plus grande partie du liquide.

Quant au petit Jupin, un poupon qui promet, il semble aussi indifférent aux nichons de sa nourrice sèche, qu'aux mamelles turgescentes d'Amalthée ; les mômeries du faune ne le troublent même pas, et son attention parait concentrée sur le flacon d'hydromel qu'il soulève dans sa main droite.

J'emprunterai le second exemple de traite animale à l'École française contemporaine. C'est la *Vache blanche* de JULIEN DUPRÉ (fig. 2), qu'il ne faut pas confondre avec le paysagiste Jules Dupré.

Il serait, sans doute, exagéré de la comparer au *Jeune Taureau* de Paul POTTER, qui a pour lui la consécration du temps et une renommée mondiale, mais je crois très fermement que la femelle ne ferait pas trop mauvaise figure à côté du mâle dans les salles du *Mauritshuis*.

Ce qui fait le charme et constitue le mérite de cette toile, c'est qu'elle est d'un naturel si parfait qu'on croirait à une photographie instantanée. Julien Dupré n'a pas choisi pour modèle une bête aux flancs bien arrondis, aux poils luisants, comme les affectionne DEBAT-PONSAN, et qui sont de futurs lauréats des concours agricoles ; il a pris une bonne vache laitière et il l'a reproduite avec ses qualités, comme avec ses défauts.

L'ossature saillante de ses épaules et de ses hanches la différencie des classiques aux formes replètes du *Labourage nivernais* de Rosa BONHEUR. Ces détails anatomiques perdent de leur valeur, quand la bête est perdue au milieu d'un troupeau, à la manière des TROYON et des WUILLERMOY ; mais leur importance est de premier ordre quand, comme ici, l'animal est isolé et que sur lui seul se concentre l'attention.

La pose est bien vraie et sa face muselée n'exprime que l'indifférence, alors qu'une jeune fille agenouillée sur le sol soulage ses mamelles.

> *Son lait intarissable en blanc ruisseau s'épanche,*
> *Et le jet écumeux crépite, ruisselant*
> *Aux parois d'un seau neuf, fait de bon bouleau blanc.*

Comparons, si vous voulez, ces deux compositions similaires et sur bien des points superposables. La première est empreinte de cette afféterie très à la mode au XVIIe siècle ; la seconde se ressent plutôt des idées modernes sur le réalisme.

L'œuvre de Jordaens se distingue par le maniéré : l'œuvre de
Julien Dupré, par la simplicité. Le conventionnel apparait chez le
peintre flamand, le naturel chez le peintre français ; mais tous
deux, grâce à leurs mérites respectifs, seraient dignes d'illustrer nos
classiques latins, l'un les *Métamorphoses* d'Ovide ; l'autre les *Buco-
liques* de Virgile.

Je m'étais promis de limiter la traite animale à ces deux
exemples ; mais on comprendra sans peine que je fasse exception
pour l'œuvre d'un de mes anciens élèves de l'École des Beaux-Arts

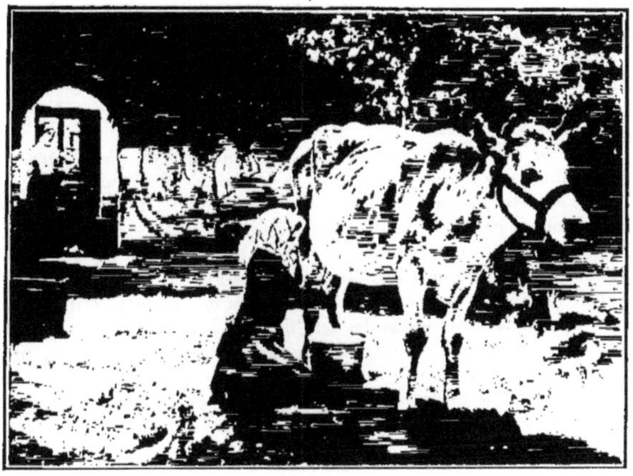

(Fig. 2.)

Julien Dupré. — *La Vache blanche.*

de Marseille, M. Henri Brémond, qui fut pensionnaire de la ville à
l'École des Beaux-Arts de Paris.

Dans un des envois obligatoires qu'il a faits à notre École provinciale, il a justement reproduit un jeune éphèbe en train de traire
une chèvre. C'est une bonne étude de nu. La chèvre est un peu
dissimulée dans l'ombre de l'étable, à cause de la teinte bitumeuse
que l'artiste a adoptée, pour mieux faire ressortir la blancheur des
chairs adultes ; mais le corps du jeune homme est d'une conscien-
cieuse étude anatomique et la traite profondément exacte.

Nous nous limiterons à ces exemples ; aussi bien l'Olympe et
l'étable nous auront servi d'introduction au Paradis des seins, et nous
allons poursuivre dans les Beaux-Arts nos recherches sur l'excrétion
lactée féminine.

Pour mettre un peu d'ordre dans le chaos artistique, nous divi-

serons le sujet en six chapitres, et nous étudierons successivement
l'excrétion lactée : 1° dans la sculpture ; 2° dans la peinture et le
dessin ; 3° dans l'allégorie ; 4° dans la numismatique ; 5° dans la
tapisserie ; 6° dans la caricature.

CHAPITRE PREMIER

L'EXCRÉTION LACTÉE DANS LA SCULPTURE.

Reproduire l'excrétion lactée dans la sculpture n'est possible
qu'à la condition de faire jaillir un liquide de la mamelle ; de là
à concevoir l'idée d'une fontaine il n'y a qu'un pas, et il a été
d'autant plus vite franchi que déjà l'antiquité — Pompéi nous en
a donné la preuve — avait utilisé pour cet usage diverses parties du
corps humain.

Mais la langue française, si riche cependant, n'a pas de terme
technique pour désigner ce genre de fontaine. Witkowski a pro-
posé l'adjectif ubéral (du latin *uber*, mamelle) ; n'ayant aucune
ambition de paternité néologique, ni l'illusion de voir le jour où
nos quarante immortels atteindront la lettre U du Dictionnaire
académique, j'adopte sans hésiter l'expression de Witkowski, et le
terme de « fontaine ubérale » nous évitera de longues périphrases.

L'idée de fontaines ubérales semble, ainsi qu'on le verra par la
suite, avoir hanté l'imagination des artistes de tous les pays, qui
n'ont fait que refléter le sensualisme des peuples. Nous devrons
donc, pour plus de clarté dans cette étude, et pour mieux suivre
l'évolution de ces monuments bizarres, les grouper par nationa-
lité.

ÉGYPTE.

Sous le titre : *Quelques supercheries des prêtres du paganisme*, le
Magasin pittoresque (année 1849, p. 214) a rapporté quelques faits de
physique exploités en Égypte, pour surprendre la crédulité populaire.

Il y avait, entre autres, une statue de femme sous une coupole
supportée par des colonnades. La partie inférieure du corps, assez
semblable à la base d'une momie, était surmontée d'un buste
polymammé, tel à peu près qu'est représentée à Naples la Diane
d'Ephèse. Dès qu'on allumait des flambeaux, le lait sortait des mamelles, à la grande joie et au grand ébahissement de la foule.
Plebs vult decipi.

Mais le Père Kircher, dans son *OEdipus egyptiacus*, a éventé la
mèche. La chaleur des flambeaux chauffait l'air contenu dans la
coupole, en communication par les colonnades avec le piédestal de la
statue, et dans lequel était un réservoir de lait. La pression de l'air
surchauffé faisait monter le lait jusqu'aux mamelles, d'où il venait
sourdre et jaillir par de multiples mamelons.

Il y avait également à Saïs, ancienne cité du delta égyptien, une statue analogue d'Artémis, répandant du lait, pendant qu'un dragon en forme d'épervier faisait entendre un sifflement. Ce sont.

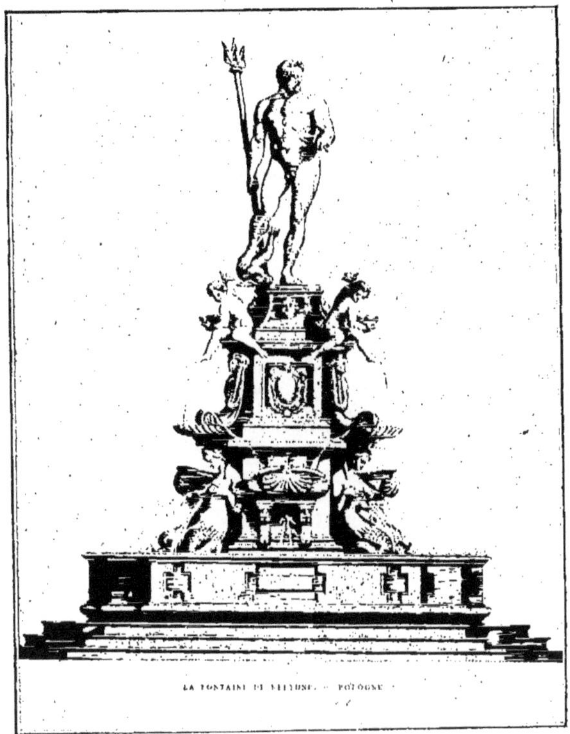

(Fig. 3.)

Jean Bologne. — *La Fontaine de Neptune*, à Bologne.

pensons-nous, les deux fontaines ubérales — et intermittentes — les plus anciennement décrites.

ITALIE.

L'Italie, patrie des artistes et mère des Arts, possède depuis la Renaissance la plus magnifique et la plus monumentale des fontaines ubérales : *la Fontaine de Neptune*, de Jean Bologne (fig. 3), érigée en 1566 sur une des places publiques de la ville de Bologne. C'est même en admirant ce chef-d'œuvre, il y a plusieurs années déjà, qu'est née dans mon esprit l'idée première de ce travail.

Jean Bologne, un des plus grands sculpteurs de la Renaissance, naquit à Douai en 1524 ; dès sa jeunesse, il fut entraîné dans l'orbe des Médicis, s'immortalisa sur la terre latine qu'il ne devait plus quitter, et priva ainsi de ses chefs-d'œuvre la France, sa patrie.

Il y avait à Bologne, sur la place San Petronio, une vieille fontaine datant de 1473. A la requête du vice-légat, le cardinal Pietro Donato Cési, évêque de Marni, le pape Pie IV décréta, par un bref du 18 avril 1563, l'érection d'une nouvelle fontaine. Tommaso Lauretti, de Palerme, fut nommé architecte, Zanobi Portigiani fondeur, et Giam Bologna — c'est ainsi que se faisait appeler Jean Bologne — sculpteur. Bien que tous trois se fussent engagés à livrer la fontaine en dix mois, les travaux durèrent trois ans, et ce n'est qu'en 1566 qu'eut lieu l'inauguration du monument, qui coûtait aux finances de la ville soixante-dix mille écus d'or.

Cette fontaine se compose de six parties bien distinctes : des marches, un bassin, un soubassement, un piédestal, un socle et, au faîte, la statue de Neptune.

On accède au bassin, de forme quadrangulaire à coins profilés, par trois marches de marbre rouge. Le soubassement, également quadrangulaire, présente sur chaque face une conque soutenue par des consoles. L'eau, venue des parties supérieures, tombe dans ces conques et s'échappe en dessous par la gueule d'un lion placé sous la conque.

Sur chacune des faces se lisent les inscriptions suivantes :

S. P. Q. B.

CAROLUS BORRHOMŒUS CARD.

PIUS IV. PONT. MAX.

PETRUS DONATUS COESIUS GUBERNATOR.

Aux quatre angles du soubassement est une sirène en bronze, qui donne à la fontaine le caractère libéral. C'est un superbe corps de femme terminé en queue de poisson, traduction sculpturale du vers d'Horace :

Desinit in Piscem mulier formosa superne.

Le torse nu, les mamelles exubérantes sont soutenues à la manière classique, de façon à laisser apparaître le mamelon entre l'index et le médius. De ce mamelon partent cinq ou six filets d'eau, dont la courbe gracieuse vient plonger dans la vasque. Une tête de dauphin, qui lance un double jet d'eau vertical, émerge d'entre les jambes de la sirène.

Le piédestal présente, sur chacune de ses faces, un écusson avec les armoiries du pape, du cardinal Borromée, du prolégat Cési et de la ville de Bologne. Aux angles, une tête de bélier, d'où descend une volute enguirlandée, qui se termine en coquille, supportée par la tête des sirènes du soubassement.

Le socle, de forme octogonale irrégulière, offre sur les quatre grandes faces la tête en bronze des quatre vents, dont la bouche souffle un jet d'eau.

Sur les angles, quatre jeunes enfants, également en bronze, ont une attitude des plus gracieuses. Assis sur le bord de l'entablement, les jambes pendantes, le corps penché en avant, ils soutiennent dans la main une tête de dauphin, qui lance de l'eau dans la coquille du piédestal.

Pour couronner l'édifice, la statue en bronze de Neptune, qui mesure 3 m. 42 de hauteur.

De l'aveu de tous les artistes, c'est un chef-d'œuvre.

La tête est empreinte de majesté ; les traits du visage ont le calme et la sérénité qui conviennent au dieu qui préside aux tempêtes ; ses regards s'abaissent vers la mer, dont il contemple les flots irrités, que sa main gauche semble vouloir apaiser par un geste plus bienveillant qu'impératif ; dans sa main droite, il tient le trident, emblème de sa puissance, tandis que son pied droit repose sur un dauphin, emblème de son empire. La musculature de son torse est irréprochable.

Suivant les traditions de l'antique, Giam Bologna avait campé son Neptune dans le simple appareil... Eh bien ! le croirait-on ? les Bolonais furent plus choqués de la nudité du dieu que des mamelles-fontaines des Sirènes, et au xviiie siècle ils adressèrent des réclamations au Sénat, qui eut le bon esprit de les laisser dormir dans ses archives.

Il est fâcheux que, pour suivre l'ordre chronologique, après avoir décrit une véritable œuvre d'art, il faille parler d'un édicule sans valeur. Celui-ci ne mérite vraiment une citation, qu'en raison du personnage qu'il honore et du cadre dans lequel il est dressé.

Le Ponte-Vecchio de Florence, construit en 1302 par Taddeo Gaddi sur de vieilles fondations romaines, est aussi connu que le Rialto de Venise. Géographiquement, il réunit les deux rives de l'Arno ; historiquement, il servit, pour ainsi dire, de trait d'union entre les Pitti et les Médicis. Mais ce qui lui a valu sa célébrité, ce sont les boutiques d'orfèvre étalées sur ses trottoirs.

C'est pour cela que quand mourut Benvenuto Cellini, contemporain et parfois rival de Jean Bologne, le Ponte-Vecchio parut l'endroit le plus propice pour dresser l'effigie du plus illustre des ciseleurs.

Le buste de Benvenuto Cellini repose sur un piédestal quadrangulaire, orné aux angles supérieurs d'une tête de bélier, et aux angles inférieurs de mamelles multiples et superposées, du mamelon desquelles sortent des filets d'eau tombant dans une coquille sousjacente. C'est l'enfance de l'art des fontaines ubérales.

Il y aurait également, paraît-il, une fontaine du même ordre à Tivoli ; la *Fontaine de Samson*.

Comme tous les touristes qui visitent l'ancienne Tibur, j'ai admiré les ruines du palais Hadrien, l'aristocratique villa d'Este, le temple de la Sybille surmontant les cascatelles, mais je n'ai pas aperçu la fontaine de Samson. Peut-être n'existe-t-elle plus ? Witkowski, qui en donne une reproduction dans les *Seins à l'Église*, (p. 289), n'y consacre que trois lignes, sans grands renseignements.

Cette fontaine comprend deux parties. L'une, supérieure, est formée d'une vasque assez plate, sur laquelle s'élève une colonne stylite, que Samson s'efforce de renverser. L'attitude de l'hercule n'est pas gracieuse, et rappelle un peu trop celle du pochard qui se cramponne à un réverbère, les pieds dans le ruisseau.

La seconde partie est formée de trois chimères, qui servent de support à la vasque. Ce sont ces chimères, aux seins copieusement hypertrophiés, qui déversent l'eau par le mamelon dans un bassin trifolié. Au-dessous d'elles, trois sirènes soutiennent une urne énorme qu'elles vident aussi dans le bassin.

C'est bien le type de la fontaine ubérale, mais son manque de goût ne la rendra jamais célèbre, d'autant qu'elle aura toujours à lutter contre l'écrasant voisinage des jolies cascatelles de l'Anio.

FRANCE.

La France occupe certainement un des premiers rangs par le nombre de ses fontaines ubérales. La plus ancienne en date est celle que le comte Thibaut de Champagne fit construire sur le parvis de la paroisse Saint-Étienne de Meaux, vers la fin du xve siècle.

Voici la description qu'en donne M. D. Caldine, dans la *Chronique médicale* (1907, p. 462) :

Du centre de ces trois niches, s'élance une sorte de piédestal, sur lequel était posée une statue de la Vierge tenant son fils sur un bras. Mais ce qui est particulièrement bizarre, c'est que l'Enfant Jésus est sans aucun vêtement, que sa Mère a les seins nus, et que de chacun de ces seins s'échappe un filet d'eau qui tombe dans la vasque inférieure. Un troisième filet d'eau se marie aux deux autres : celui-là est commis par Jésus...

C'est, on le voit, une fontaine ubérale — et uréthrale. Nous n'en donnons pas la reproduction, parce qu'elle n'a rien d'artistique, mais ceux que cela intéresse la trouveront dans les *Seins à l'Église*, de Witkowski (p. 158).

Autrement intéressante, au point de vue de l'art, est la *Fontaine de Diane*, qui ornait le château d'Anet, cette merveille architecturale de la Renaissance, qu'Henri II inspira au génie de Philibert Delorme, en 1552, pour l'offrir à la belle Diane de Poitiers. Château et fontaine furent saccagés pendant la tourmente révolutionnaire, mais Marius Vachon a reproduit cette dernière dans la *Femme dans l'Art*, ce qui nous permet de la décrire.

Dans le parc d'Anet, sous une coupole à base hexagonale et supportée par six colonnes, on voyait le buste en marbre de Diane sous les traits de la duchesse de Valentinois. Les bras croisés, sur sa poitrine nue, semblaient soulever les seins, d'où s'échappaient quatre filets d'eau — deux par mamelle — qui venaient tomber dans une vasque arrondie. Le tout reposait sur un piédestal massif, également hexagonal, et l'on avait gravé sur l'une des faces : DIANÆ VALENTIANÆ s (sacrum). « Consacré à Diane de Valentinois. »

Jean Goujon ayant été le sculpteur attitré du château d'Anet, il paraît vraisemblable d'admettre que ce buste est l'œuvre de ce grand artiste.

Notre confrère le Dr P. Noury (de Rouen) a signalé, dans la *Chronique médicale* (1902, p. 741), une figure de femme nue, rejetant

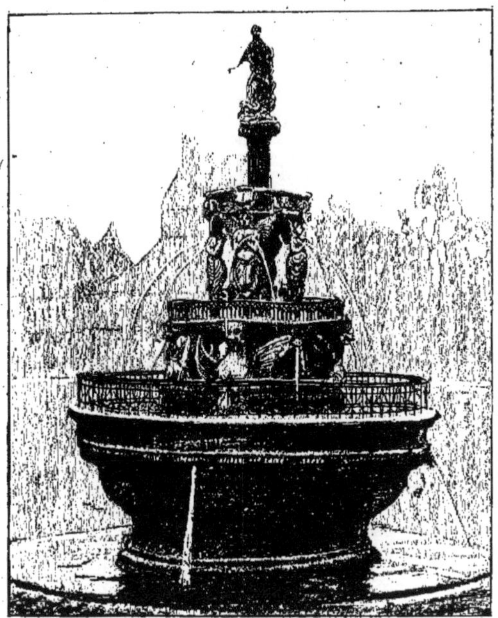

(Fig. 4.)
La Fontaine de Guingamp.

l'eau par les seins, qu'on voyait autrefois dans l'église de Saint-Lô ; mais cette vieille sculpture a disparu, ayant subi les injures du temps, ou celles moins pardonnables des iconoclastes.

Les fontaines dont nous venons de parler n'existent plus qu'à l'état de souvenir ; passons à la période moderne, aux fontaines que nos contemporains ont le loisir de contempler. J'ai eu l'occasion, dans mes voyages de vacances, d'en rencontrer deux : l'une, en Bretagne ; l'autre, en Franche-Comté.

La *Fontaine de Guingamp* (fig. 4), dans les Côtes-du-Nord, n'est pas une fontaine monumentale, comme l'indique Witkowski (*les Seins à l'Église*, p. 159) qui, bien certainement, n'en parle pas *de visu* ; c'est, au contraire, une fontaine assez petite, fondue en plomb ou en fonte en 1588, et refaite en 1743. Elle est édifiée sur la place

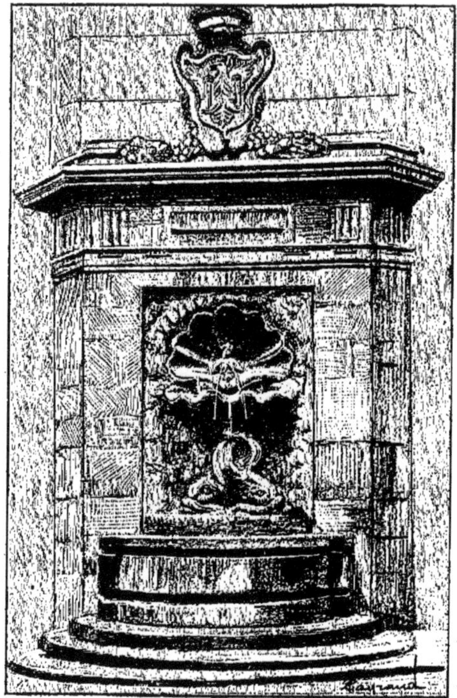

(Fig. 5.)

La Fontaine des Dames, à Besançon.

de la Pompe, vaste place affectant la forme d'un triangle irrégulier, et aboutissant à l'église Notre-Dame de Bon-Secours, l'un des *pardons* les plus célèbres de la Bretagne.

Elle se compose de trois étages ou de trois vasques superposées, qui vont en diminuant de volume. L'étage inférieur est orné de quatre chevaux marins, projetant de l'eau dans la vasque inférieure ; l'étage moyen, celui qui nous intéresse le plus, est formé par quatre sirènes, — corps de femmes terminés en queue de poisson — dont chaque sein est creusé d'un orifice au niveau du mamelon ; c'est par ces orifices que l'eau s'échappe en jet retombant dans la vasque du bas ; enfin, l'étage supérieur est constitué par un pilier que surmonte une statue de la Madone.

La *Fontaine des Dames* (fig. 5), à Besançon, n'est pas de dimensions plus grandioses. Elle est située rue Charles-Nodier et encastrée dans le mur à pan coupé de l'angle de la rue. Au-dessus d'un fronton en pierre, sont les armes de la ville, accostées d'une guirlande de fruits. Un peu en dessous, est gravée en chiffres romains la date de l'inauguration : MDCCLXXXV.

La fontaine proprement dite est formée par deux dauphins, dont les queues s'élèvent en s'enlaçant, pour soutenir une coquille bivalve. La valve inférieure, horizontale, sert de vasque ; la valve supérieure, presque verticale, forme une niche, au centre de laquelle apparaît le torse nu d'une femme. Celle-ci soutient de ses mains et exprime, par la pression des doigts, le bout des seins, d'où sort un double jet, qui tombe dans la vasque et se déverse dans un bassin servant de soubassement.

Je n'ai pu me documenter sur l'origine de cette fontaine ubérale.

Je pourrais en citer d'autres, mais d'importance secondaire : c'est ainsi que le D' P. Noury (*loc. cit.*) a signalé, à l'église Saint-Jacques de Dieppe, une femme qui exprime le lait de ses mamelles.

Witkowski a reproduit, dans les *Seins dans l'histoire* (p. 349), une statuette de la collection du comte Basilewski, qui a servi de fontaine ubérale. C'est une Diane chasseresse, dans une pose assez semblable à celle de la Diane à la biche ; mais, ce qui est pour le moins assez bizarre, c'est que la déesse est vêtue du chiton dorien et que le liquide est obligé de traverser le vêtement, pour s'épancher au dehors.

Enfin, le même auteur a reproduit, dans les *Seins à l'Eglise* (p. 250), un projet de fontaine assez baroque : une grande Vénus soutenant un petit Cupidon ; le liquide doit jaillir des seins de la déesse et des yeux de l'enfant. Nous ignorons le nom de cet artiste inconnu et... méconnu.

BELGIQUE.

De tous temps, les artistes flamands ont mis dans leurs œuvres un peu de fantaisie rabelaisienne et beaucoup de sel gaulois : il y avait donc à présumer que la Belgique, patrie du Manneken-Piss et du Cracheur, devait recéler quelques fontaines ubérales. J'en ai trouvé trois.

Dans son ouvrage, *Bruxelles à travers les âges*, L. Hymans rapporte qu'au XVIᵉ siècle, il y avait dans cette cité une fontaine monumentale, dans le style de la fontaine Saint-Sulpice à Paris, c'est-à-dire formée de quatre niches adossées. Au lieu de personnages religieux, ces niches abritaient, dans une nudité presque totale,

quatre plantureuses Flamandes, dont les seins servaient de jets
d'eau.

Cette fontaine fut détruite en 1579, lors des guerres de religion.
Les réformés ayant un jour saccagé et pillé Sainte-Gudule, la
foule s'affubla des chapes, surplis, aubes, étoles, dalmatiques, cha-
subles, et vint danser une farandole travestie autour de cette fontaine qui, finalement, fut renversée.

Witkowski a déniché, au Musée communal de Bruxelles, la *Fontaine des Trois Pucelles*, dissimulée discrètement dans un coin fort
obscur, au bas et à gauche de l'escalier principal. Moins heureux que
lui, nous avons, l'an dernier, pour la seconde fois, visité le Musée
communal, et nous regrettons de ne l'avoir pas vue ; aussi nous
passons volontiers la parole à notre érudit confrère.

Les pauvres déesses reléguées dans l'oubli sont toutes nues, et c'est là leur
crime. Deux sont vues de face, adossées à une colonne médiane, et se tien-
nent par les mains, remplies de liscrons ; leurs mamelons perforés indiquent
les orifices d'où l'eau jaillissait. La troisième pucelle a le ventre appuyé sur
la colonne et ne montre que ses « mamelles postérieures », potelées et ju-
véniles. Pour tout renseignement, nous lisons sur une pancarte : « Les
trois Pucelles, groupe provenant d'une ancienne fontaine située près de
l'église Saint-Nicolas (xvie siècle). » N'en déplaise au conservateur du
Musée, nous nous permettrons de relever plusieurs erreurs dans cette ins-
cription : le motif semble représenter les trois Grâces, que l'esprit simpliste
du peuple a transformées en « Pucelles » ; le monument, dans son ensemble, n'a rien de commun avec la fontaine primitive, qui possédait quatre
déesses, et son style est d'une époque plus moderne (*les Seins dans l'histoire*,
p. 30).

La troisième fontaine est à Laeken, résidence royale qui domine
Bruxelles et que la munificence de Léopold II, de récente mémoire, voulait transformer en un petit Versailles. Quand on vient
de la capitale, en longeant le parc royal, le chemin se divise en
deux routes : celle de droite aboutit au château des souverains ; celle
de gauche conduit à la pagode japonaise, autre création fantaisiste
du feu roi. C'est au carrefour de ces trois voies qu'a été érigée la
fontaine.

L'auteur du projet ne s'est pas congestionné les méninges pour
trouver une idée neuve ou originale : il s'est contenté de reproduire
la belle *Fontaine de Neptune*, par Jean Bologne, en réduisant ses
dimensions de moitié. Et c'est, à mon avis, ce qu'il y a de moins
heureux. A Bologne, on est saisi par la grandiose majesté du monument, on se sent en présence d'une œuvre d'art ; à Laeken, on
retrouve sans doute la pureté des lignes du Neptune, des sirènes et
des chevaux marins, mais il n'y a plus cet aspect imposant qui
charmé les connaisseurs et captivé les foules.

On se demande, d'ailleurs, pourquoi on a choisi ce sujet mari-
time pour ce coin terrien du Brabant. Est-ce pour rendre Neptune
propice aux colonisateurs du Congo ? Est-ce pour montrer la fécon-

dité et la diversité de la faune du royaume des mers ? Est-ce seulement pour rendre un tardif hommage au grand sculpteur de Douai, ou plus simplement encore, un royal caprice ? Toutes ces hypothèses sont permises.

ALLEMAGNE.

Des fontaines ubérales allemandes, la plus connue est, sans contredit, celle de Nuremberg, dite aussi *Fontaine des Vertus* (fig. 6), due à Bénédict WURZELBAUER : elle fut érigée, en 1589, devant l'église Saint-Laurent.

Comme la plupart de celles que nous avons déjà décrites, elle est à trois étages, supportés par un soubassement. C'est sur le premier étage que sont six jeunes filles, qui symbolisent les vertus dont elles ont les attributs, la croix, l'ancre, etc... Leurs attitudes sont forcément variées, mais toutes sont vêtues décemment, sauf la poitrine qui laisse à découvert les seins, de chacun desquels jaillit généreusement une onde virginale.

L'étage du milieu est occupé par six enfants, qui soufflent dans des trompettes transformées en jets d'eau ; enfin, pour couronner l'édifice, à l'étage supérieur se trouve la statue de la Justice, qui est représentée un bandeau sur les yeux ; c'est une cinglante ironie, qui prouve que l'auteur était au moins un remarquable pince-sans-rire ; il faut noter pourtant, qu'à cette époque, c'était presque une tradition de représenter ainsi

> Cette vieille Thémis humaine aux yeux bandés,
> Qui jadis prit Jésus, joua sa robe aux dés ;

c'est, en effet, dans une pose presque identique qu'elle nous apparaît dans l'antique et célèbre fontaine élevée à Berne dans le *Gerechtigkeitsgasse*.

La Thémis de Nuremberg tient, élevé dans sa dextre, le glaive inflexible des lois et, dans sa sénestre, les balances symboliques. Les seins de cette déesse expulsent deux jets de liquide, dont l'un vient retomber dans le plateau gauche de la balance, percée en dessous pour l'écoulement de l'eau.

Il est facile, en rapprochant les dates d'inauguration, de voir que la fontaine de Nuremberg est contemporaine de celle de Bologne ; mais quelle différence au point de vue artistique ! Les six vertueuses Gretchen, accoutrées de vêtements peu esthétiques, ne sauraient rivaliser avec le thorax séducteur des fallacieuses sirènes. Peut-on mettre en parallèle ces gamins joufflus qui s'essoufflent à claironner, avec ces amours d'enfant dont l'attitude est une merveille de grâce et de légèreté ? Quant à cette Thémis de carrefour, il faudrait avoir, comme elle, un bandeau sur les yeux, pour oser seulement la comparer à l'impassible et majestueux Neptune.

Combien lui est supérieure, au point de vue de l'élégance et de l'exécution, la fontaine que j'ai rencontrée à Francfort sur le Römerberg (fig. 7). Je venais de visiter l'hôtel de ville et d'admirer la salle des Empereurs (*Kaisersaal*), où nos plénipotentiaires durent signer l'impitoyable traité de 1871 ; accoudé dans l'embrasure d'une fenêtre, je promenais mes regards sur la place, quand je fus frappé

2

par la vue d'une fontaine assez petite. Mon premier soin, en sor-
tant, fut de me diriger vers elle, et je fus étonné d'y rencontrer une
fontaine ubérale, sans doute la plus ancienne de l'Europe.

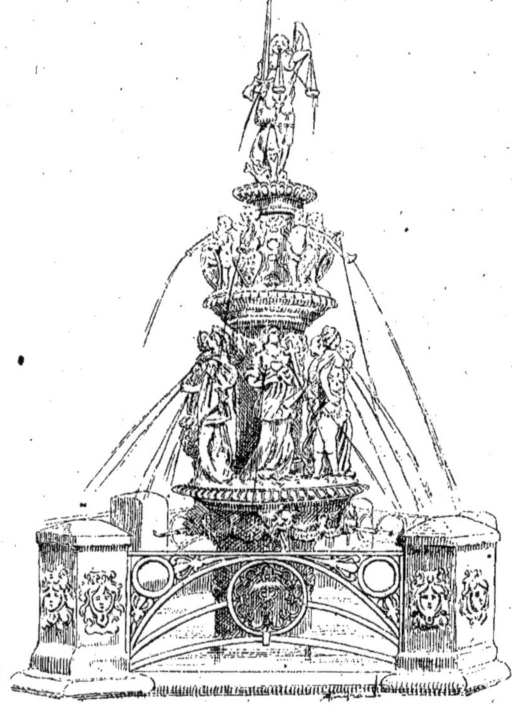

(Fig. 6.)

La Fontaine des Vertus, à Nuremberg.

En effet, bien qu'elle ait été refaite en 1887, elle a été recons-
truite sur le modèle de la fontaine érigée en 1543 ; mais la statue
qui la surmontait ne fut placée qu'en 1611 et représentait encore
une Thémis. C'est à croire que les Allemands étaient assoiffés de
justice !

Cette noble déesse est campée plus fièrement ; elle n'est pas raide comme la Justice... de Nuremberg. Dans une attitude hanchée droite, sa jambe gauche est portée en avant, émergeant nue de sa robe un peu flottante. Sa main droite tient également le glaive de la loi, mais elle ne le porte pas comme un officier au port d'armes ; ses manches sont, d'ailleurs, relevées

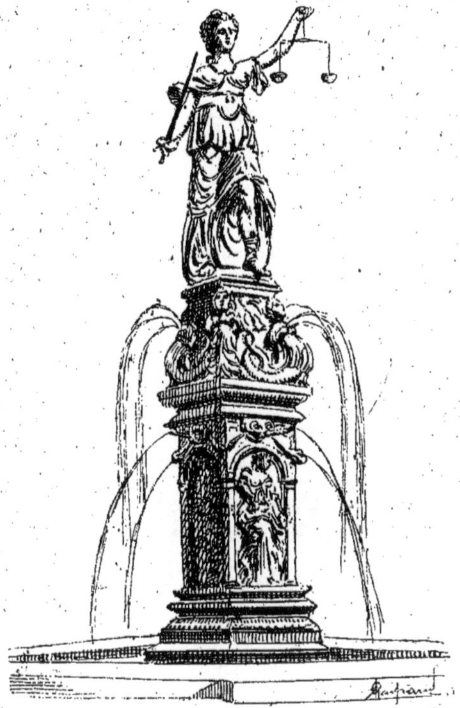

(Fig. 7.)

La Fontaine de la Justice, à Francfort.

jusqu'au-dessus des coudes, et sa main gauche soulève les balances dont elle tient égaux les plateaux.

Le socle sur lequel elle repose est de forme carrée ; à chaque angle, est une chimère ailée, la poitrine nue et saillante et le corps terminé en queue de poisson ; leurs poses rappellent celles des sirènes de Bologne. L'eau de la fontaine s'épanche par leur bouche et leurs mamelons ; aussi, quand l'eau ne s'écoule pas, les seins paraissent pointus et la bouche arrondie, à cause des conduites de plomb qui sont trop visibles.

Le pylône rectangulaire qui supporte le tout est creusé de quatre niches abritant une vertu reconnaissable à ses emblèmes : la Charité, avec des enfants ; la Justice, avec un glaive et des balances ; la Tempérance, transvasant un liquide d'une urne dans une autre ; enfin, l'Espérance, avec une colombe. L'eau de cette fontaine s'écoule dans un bassin octogonal, entouré lui-même d'une grille fort belle.

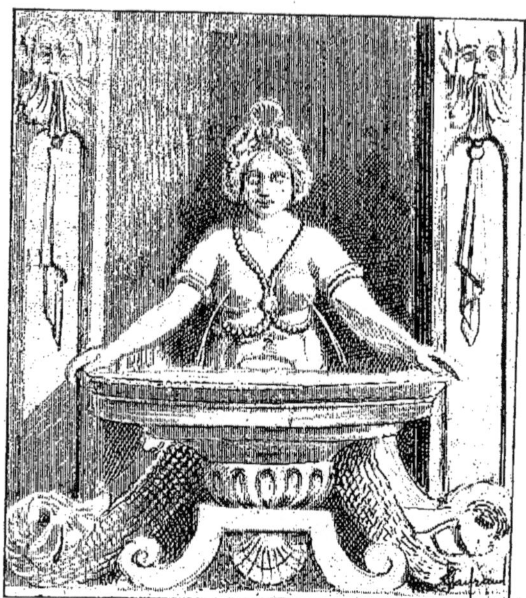

(Fig. 8.)

La Fontaine libérale de l'Exposition de 1900.

Dans son ouvrage sur *le Rhin*, Victor Hugo parle de cette fontaine ; mais, pour lui, la statue qui la surmonte serait Judith et non la Justice, tenant dans sa main gauche la tête d'Holopherne, au lieu de balances. La raison qu'il en donne est peu convaincante. Une justice, dit-il, qui tiendrait la balance de la main gauche et l'épée de la main droite, serait l'Injustice. D'ailleurs, la justice n'a le droit d'être ni si jolie, ni si retroussée.

On peut voir, au Musée de Francfort, une toile de C. G. Schütz, représentant le marché, à l'époque où il se tenait sur le Römerberg : la *Fontaine de la Justice* n'y est pas oubliée.

Les fontaines ubérales ont même été un sujet d'exportation de la part des Allemands. A l'Exposition de Paris, en 1900, on pouvait voir, à l'entrée de la section allemande, une forte Bavaroise (fig. 8) aux puissantes mamelles, d'où jaillissaient deux jets vigoureux tombant dans une vasque. Le Dr Nohenaf — un confrère dont le nom se retourne aisément — a bien voulu me la signaler dans la *Chronique médicale* (1905, p. 650). Il en fait une critique plutôt acerbe, au point de vue de l'Art et de la Vérité ; n'exagérons rien, cela prouve seulement qu'avec ou sans calembour, les Allemands sont toujours fiers des Teutons.

ANGLETERRE.

J'ai vainement cherché une fontaine ubérale chez nos voisins d'outre-Manche. Ni la verte Erin, ni l'hospitalière Ecosse, ni surtout la pudique Albion, n'en offrent aucun exemple. Il est vrai que la plus belle fille du monde ne peut offrir et donner que ce qu'elle a, et tout le monde sait.

Qu'ils n'en ont pas en Angleterre.

Ce qui prouve bien qu'entente cordiale et entente précordiale font deux ; nous nous réjouissons de l'une, nous ne jouirons jamais de l'autre.

ESPAGNE.

En Espagne, il n'existe à ma connaissance qu'une seule fontaine ubérale, c'est celle de Malaga, que la plupart des habitants de cette ville paraissent ne pas connaître. Et cependant, cette fontaine aurait une origine historique, puisque ce serait la république de Gênes qui en aurait fait hommage à Charles-Quint.

Dans un ouvrage peu connu : *l'Espagne, splendeurs et misère,* B. L. Imbert en donne la description suivante :

A l'une des extrémités (de la Alaméda) est une fontaine célèbre, d'une grande liberté de composition. Du milieu d'un bassin octogone, s'élève une colonne chargée de sirènes, de satyres et d'enfants, qui lancent l'eau par la bouche et le.... reste.

La photographie que j'ai pu m'en procurer, avec beaucoup de peine d'ailleurs, et que je dois à l'amabilité et à la ténacité de M. Francisco Yebra, le sympathique consul d'Espagne à Marseille, est trop petite pour juger des divers détails. Ils diffèrent pourtant de la description de B. L. Imbert.

La fontaine est bien à l'extrémité de la Alaméda, mais le bassin est circulaire et non octogonal, protégé lui-même par une grille également circulaire.

Comme presque toutes les fontaines de ce genre, elle est à trois étages, supportés par un piédestal carré, sur les faces duquel sont sculptées des têtes de taureau. L'étage inférieur est occupé par des nymphes, étalant leur nudité;

c'est de leurs seins que s'écoule une partie de l'onde qui forme la fontaine ;
l'étage moyen est constitué par trois femmes vêtues ; ce sont elles, croyons-
nous, qui expulsent l'eau par la bouche ; enfin, l'étage supérieur est formé
par trois bambins, entièrement nus, qui urinent joyeusement.

La fontaine de Malaga, comme l'ancienne fontaine de Meaux,
serait donc à la fois ubérale et uréthrale.

A côté des fontaines ubérales, fort nombreuses, comme on vient
d'en juger, il importe de réserver une place à ces fontaines éphé-

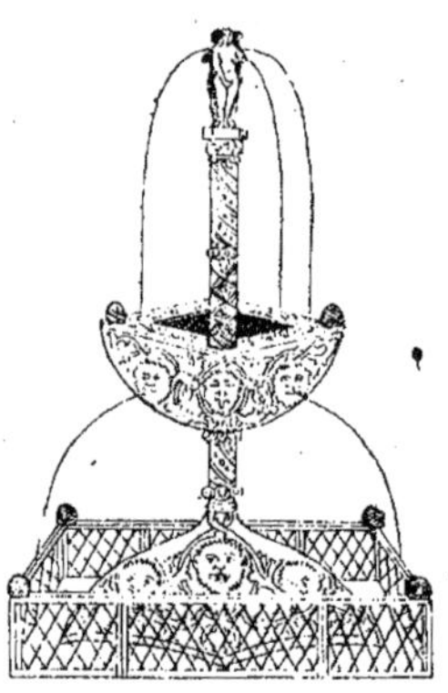

(Fig. 9.)

La Fontaine des Trois Sibylles.

mères, souvent en chair et en os, qu'on exhibait dans les réjouis-
sances populaires, pour stimuler l'ardeur de gens qui, du reste,
n'en avaient nul besoin. C'est, sans doute, une étude plus historique
qu'artistique, mais elle s'adapte si merveilleusement à notre cadre
qu'il me paraît indispensable de la faire figurer ici.

Les documents qui suivent sont, pour la plupart, empruntés à
notre confrère Witkowski, qui, avec son abondante érudition, les a
semés de-ci, de-là, dans ses multiples ouvrages sur les seins.

Environ cent cinquante ans avant l'ère chrétienne, Ptolémée VI
Philomator, roi d'Egypte, donnait une fête populaire à Alexandrie.
Un des chars portait un automate, représentant Nysa, qui se levait,
épanchait du lait dans une coupe d'or, puis s'asseyait après cette liba-
tion, pour recommencer quelques tours de roue plus loin (1). C'était
vraiment digne du monarque qui avait épousé sa sœur, Cléopâtre II.

En 1454, peu après la prise de Constantinople par les Turcs,
Philippe le Bon, duc de Bourgogne, réunit ses vassaux à Lille dans

---

(1) WITKOWSKI, *les Seins dans l'Histoire*, p. 28.

un festin pantagruélique. Entre autres mets remarqués, on servit
« un faisan vif et aorné d'ung très riche collier d'or très richement garni de pierreries et de perles ». C'était une allusion à la
Toison d'or. Philippe fit vœu à Dieu, à la Vierge, aux dames et au
faisan de partir pour la croisade exterminer les Turcs. Ce fut l'o-
rigine des fêtes populaires connues dans l'histoire sous le nom de
vœu du faisan.

On y voyait, dit Monstrelet, « une pucelle qui, de sa mamelle,
versait l'hypocras en grande largesse ; à côté de la pucelle était un
jeune enfant qui de sa broquette rendait eaux de rose. » Inutile
d'ajouter que Philippe le Bon trouva un également bon prétexte
pour ne pas partir en guerre.

Lorsqu'en 1486, Charles VIII fit son entrée dans sa cité de
Troyes, on avait installé sur la grande place, dite grand marché du
bled, où devait passer le cortège royal, « une fontaine faite bien proprement par fiction de trois pucelles qui rendaient par leurs mamelles du vin de trois couleurs en abondance, à tous venans qui en
voulaient prendre...... Chacun concevait du plaisir à l'aspect de ces
trois pucelles qu'on prenait pour trois vertus ou trois grâces (1).»

Philibert II, dit le Beau, duc de Savoie, qui mourut à 24 ans, et
à la mémoire duquel sa veuve érigea la superbe église de Brou, fit
son entrée triomphale à Bourg en 1501. A cette occasion, on éleva
une fontaine représentant une jeune femme, « laissant échapper, par
ses deux mamelles de métal coloré, deux jets de vin qui tombaient
dans un bassin (2). »

En février 1514, François 1er fit son entrée à Paris ; deux mois
après, en avril 1514, Charles-Quint fit de même son entrée à
Bruges C'est à l'occasion de l'une de ces deux entrées triomphales
qu'on éleva une fontaine (fig. 9), où trois sibylles, surmontant
une colonne, se pressaient le sein, pour en faire jaillir du vin qui
tombait dans une vasque, s'écoulait ensuite par des bouches de mas-
carons et était enfin recueilli par le populaire (3).

Le 20 janvier 1540, quand le même Charles-Quint fit son entrée à
Cambrai, les tanneurs et les cordonniers élevèrent un arc de triomphe devant la porte de l'abbaye Saint-Aubert; une statue de femme
se détachait de l'une des colonnes et jetait du vin par les mamelles(4).

Plus tard, lorsque Henri II fit son entrée à Paris, on dressa un
arc de triomphe avec une Minerve portant des fruits dans sa main
droite, tandis que, de sa main gauche, « elle espregnoit sa mamelle
d'où sortait du lait, signifiant la douceur qui provient des belles-
lettres (5). »

---

(1) WITKOWSKI, *les Seins à l'Église,* p. 159.
(2) Jules BAUX, *Histoire de l'Église de Brou,* p. 28.
(3) WITKOWSKI, *les Seins dans l'Histoire,* p. 28.
(4) Id., *Anecdotes hist. et relig. sur les seins et l'allaitement,* p. 10.
(5) Id., *les Seins dans l'histoire,* p. 199.

Il nous faut, à présent, faire une grande enjambée et franchir d'un seul bond plusieurs siècles pour arriver au 10 août 1793. Ce jour-là, d'après les plans du peintre David, on éleva sur les débris de la Bastille la fontaine monumentale de *la Régénération*. Une statue colossale en plâtre représentait la Nature assise entre deux lions. La tête était coiffée comme un sphinx égyptien, le torse et les jambes nus ; les bras, s'entrecroisant sur le sternum, soutenaient des seins énormes, desquels jaillissait l'onde régénératrice.

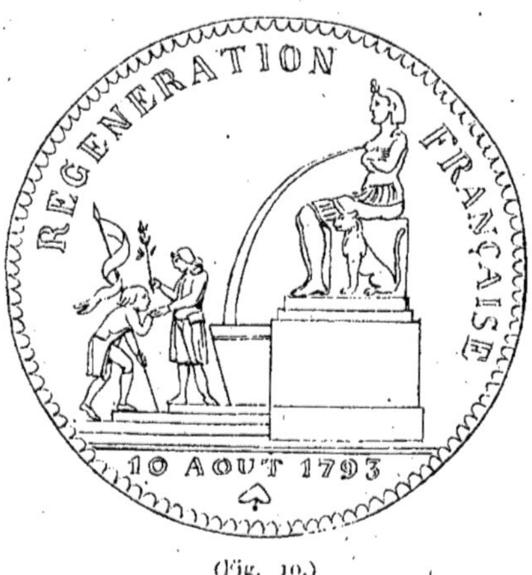

(Fig. 10.)

Médaille commémorative de la Fontaine de la Régénération.

Witkowski, qui a reproduit cette scène allégorique (1), raconte ainsi le prélude de la fête :

Le président de la Convention, le bel Hérault de Séchelles, homme aimable, ami de tous les partis, vint à la tête du cortège, et dans une coupe antique puisa l'eau vive, étincelante des premiers rayons du matin. Il porta la coupe à ses lèvres et la passa aux quatre-vingt-six vieillards qui portaient les bannières des départements. Ils disaient : nous nous sentons renaître avec le genre humain. Ils burent, et le canon tonnait (fig. 10).

Ces faits historiques, puisés à des époques et dans des contrées diverses, nous montrent qu'en tous temps et en tous lieux, le sein de la femme, symbole de la fécondité, a été utilisé habilement pour réjouir l'âme populaire et stimuler l'appétit génésique des foules.

---

(1) WITKOWSKI, *Anecd. hist. et religieuses*, p. 11.

CHAPITRE II

L'EXCRÉTION LACTÉE DANS LA PEINTURE ET LE DESSIN.

Pour la reproduction de l'excrétion lactée, la sculpture, art sublime mais limité par la matière elle-même, a dû se confiner dans les fontaines ubérales. La peinture, au contraire, voit s'ouvrir devant elle un horizon plus étendu ; le dessin, le coloris, la perspective, lui assurent des procédés variés ; aussi, nous allons voir défiler sous nos yeux des scènes mythologiques, religieuses, fantaisistes ou badines.

La première idée qui devait s'éveiller dans le cerveau des peintres de la Renaissance, c'était la traduction des légendes païennes, et celle de la voie lactée, attribuée au lait divin de Junon, les séduisit, en effet.

Nous avons rapporté, dans l'*Accouchement dans l'Art*, la parturition d'Alcmène, poursuivie par la jalousie de Junon, et délivrée grâce au clairvoyant subterfuge de Galanthis. Rendue plus courroucée, l'irascible Reine des dieux changea Galanthis en belette, puis songea à se venger sur Héraclès, que sa rivale avait pu mettre au monde malgré elle.

Alcmène, redoutant justement la jalousie de Junon, exposa son fils dans un champ. Mercure, qui était le facétieux de l'Olympe, prit délicatement l'enfant et le déposa sur le sein de Junon endormie ; or, Héraclès, dont les maxillaires étaient déjà puissants et l'appétit robuste, mordit cruellement le sein de la déesse, qui se retira en sursaut, laissant ainsi son lait s'échapper dans l'Empyrée, où il vint former la voie lactée, que nous admirons dans les nuits sereines. Telle est la légende grecque généralement admise ; mais il est d'autres versions. C'est ainsi que JULES ROMAIN, le disciple favori de Raphaël, suppose que Minerve rencontre Héraclès tout nu dans la campagne où Alcmène l'a exposé ; prise de commisération, elle prend l'enfant et le fait allaiter par une nymphe.

Nous ne reproduisons pas cette toile, parce que l'excrétion lactée fait défaut, mais on y constate sans effort qu'Héraclès n'y va pas de mâchoires mortes ; la nourrice bénévole soutient son sein de sa main gauche, tandis que sa droite est crispée en extension ; sa bouche s'entr'ouvre pour jeter un cri de douleur et ses sourcils sont rectilignes.

LE TINTORET semble avoir mieux compris l'idée maîtresse de la légende. Sa composition (fig. 11) est plus exacte, sa conception plus mythologique, sa facture plus artistique. La souveraine de l'Olympe est mollement étendue sur une nue

> *... dans le simple appareil*
> *D'une beauté qu'on vient d'arracher au sommeil.*

Cette nudité voulue a permis à l'artiste d'esquisser les contours charmants de ce corps de déesse. S'il l'a dépouillée de la trame légère qui emprisonnait ses appas, il s'est bien gardé de la priver de ses bijoux ; ses poignets sont enlacés de bracelets forgés sans doute par Vulcain, et sa tête est ornée d'un diadème de gemmes noyées dans sa chevelure. Le Tintoret savait déjà qu'une femme, fût-elle déesse, n'abandonne jamais ses parures, même en dormant.

A la droite du tableau, fendant l'espace avec rapidité, un dieu vient poser Héraclès sur le téton royal. Quelle est cette divinité ? Ce n'est pas la sage Minerve, comme dans la toile de Jules Romain ;

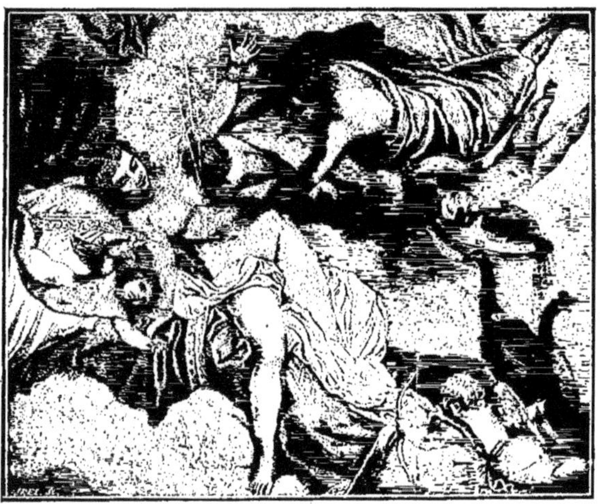

(Fig. 11.)

Le Tintoret. — *Allaitement d'Héraclès.*

ce n'est pas non plus, comme l'indique la légende grecque, le messager ordinaire, Mercure au pétase ailé, c'est Jupiter lui-même. Il est reconnaissable à sa figure olympienne, et la présence, à ses côtés, de l'aigle tenant la foudre dans ses serres, en est la preuve évidente. L'artiste vénitien a voulu faire une scène familiale, propre à réjouir M. Paul Bourget, si l'on songe, en effet, que Jupiter est à la fois le frère de Junon, son époux trop volage et le père d'Héraclès. Au Salon des humoristes, ce tableau aurait pu avoir du succès, avec ce sous titre : *En famille.*

Cependant Héraclès s'est jeté avec avidité sur la mamelle appétissante ; ses gencives durcies mordent avec trop de frénésie le mamelon et le liquide s'échappe en traînées lactescentes, qui vont s'achever en étoiles. On remarquera que ces jets de lait se dirigent verticalement au zénith, alors qu'ils devraient, suivant les lois de l'hydraulique, décrire une parabole tombant à terre. C'est le seul exemple qu'il nous ait été donné de rencontrer. Si le Tintoret a ainsi méconnu la loi de la chute des corps, c'est qu'il voulait mieux exprimer que ce lait va se perdre et s'éterniser sur la voûte étoilée.

Ce superbe tableau se trouve à Londres, dans la *Galerie nationale*.

RUBENS, dont l'infatigable pinceau s'est exercé sur tant de sujets divers, s'est davantage écarté de la légende. Descendue de son char, qui vient de parcourir l'orbe céleste traîné par les paons emblématiques, Junon (fig. 12) s'est étendue sur l'ouate d'un nuage, pour mieux remplir sa fonction nourricière.

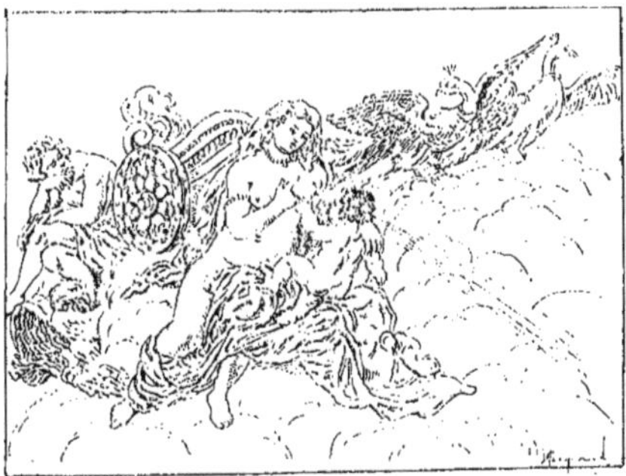

(Fig. 12.)

RUBENS. — *Allaitement d'Héraclès.*

C'est ici que se révèle la différence entre les deux artistes. Le Tintoret nous représente Junon surprise par l'allaitement d'Héraclès, que Jupiter, de ses bras puissants, maintient collé, *invita Junone*, sur le sein de la déesse. La Junon de Rubens, au contraire, se soumet volontairement au caprice de son époux, et, de son plein gré, présente sa mamelle gauche à l'affamé qu'elle enlace de son bras.

> *... Et Junon vit son beau sein d'ivoire*
> *En un fleuve de lait ainsi changer les cieux.*

La supériorité du peintre vénitien sur le peintre anversois est évidente, non seulement par l'exactitude légendaire, mais surtout par une composition plus mâle, une anatomie plus rigoureuse.

La Junon du Tintoret a vraiment, c'est bien le cas de le dire, un corps de déesse ; la Junon de Rubens rappelle plutôt l'opulence fla-

mande de ses modèles accoutumés. Il a beau la parer d'atours arti-
ficiels, ceindre son cou d'un collier de perles, encercler son biceps
d'un bracelet, c'est une gaillarde, superbe si l'on veut, voire même
aphrodisiaque, mais ce n'est pas la Junon qui sur le mont Ida osait
lutter avec Vénus et Minerve pour le prix de la beauté.

Jupiter peut prêter à des considérations analogues. Dans le tableau
du Tintoret, son rôle est vraiment actif ; dans un vol plané, il se
précipite du haut des nues, pour déposer à l'improviste le fils
d'Alcmène sur le sein de Junon endormie.

Dans le tableau de Rubens, son attitude est autrement passive ;
assis à l'arrière du char, les jambes croisées et la tête accoudée, il
regarde cette scène d'allaitement plus qu'il ne s'y intéresse. Sa pose
est celle d'un chemineau vanné, à la barbe embroussaillée : elle
est indigne de celui qui fait trembler l'Olympe d'un simple fronce-
ment de sourcils. Son réalisme physique est choquant, parce qu'il
y manque le style ; si Rubens ne nous avait pas laissé d'autres
scènes mythologiques, Fromentin aurait raison de dire que l'Olympe
« l'ennuie ».

Nous arrêtons là ce parallèle, qui est tout en faveur du Tintoret ;
mais Rubens a tellement révolutionné l'art de la peinture, que les
artistes qui sont venus après lui s'en sont inspirés.

Eugène Devéria a fait mieux que de s'en inspirer, il en a donné
une très pâle copie, on dirait presque une réplique. Au sommet du
même nuage, on voit le même char et les mêmes paons ; les trois
personnages sont semblables, et semblables aussi leurs attitudes ; on
retrouve pareillement la même pluie d'étoiles qui part du sein de
Junon en feu d'artifice. Si le peintre de la *Naissance de Henri IV*
n'avait à son actif que ce tableau de chevalet, son nom ne serait certainement pas arrivé jusqu'à nous.

Passons maintenant, sinon du grave au doux, du moins du plai-
sant au sévère, et élevons-nous du profane au sacré.

Saint Bernard, de l'ordre des Cisterciens, et fondateur de l'abbaye
de Clairvaux, eut pendant toute sa vie un culte très dévotieux pour
la sainte Vierge. Un jour que le vénérable abbé priait avec cette
ferveur extatique réservée aux seuls élus, la Mère de Dieu lui appa-
rut, avec son divin Fils qu'elle allaitait. Pour récompenser son zélé
serviteur, elle dirigea un jet de son lait sur ses lèvres, afin de rendre
ses paroles plus suaves, et, de fait, saint Bernard devint un apôtre
éloquent et une des plus belles intelligences du XII° siècle.

Cette histoire paraît renouvelée des Grecs. On raconte, en effet,
que Platon dut la douceur de son éloquence au baiser d'une abeille,
qui se posa sur ses lèvres, alors qu'il dormait sur le mont Hymette.
Vraie ou fausse, cette légende, comme celle de la Voie lactée, devait
tenter le pinceau des artistes.

La reproduction la plus ancienne que nous connaissions se trouve
naturellement dans le Missel de l'Ordre des Cisterciens de
L. A. Guinta (fig. 13).

La composition est naïve et le dessin enfantin.

Saint Bernard est agenouillé, revêtu d'une chape richement brodée, ce qui est en contradiction avec la règle cistercienne qui exige la pauvreté même dans les ornements sacerdotaux. Cette chape enveloppe complètement le corps du saint, dont on n'aperçoit que la tête barbue et les mains jointes pour la prière. La mitre abbatiale est à terre devant lui, tandis que la crosse, autre emblème de ses fonctions, repose sur son épaule droite. Au-dessus de sa tête, flotte une banderole sur laquelle on lit : *Monstra te esse matrem*, paroles de saint Bernard que nous retrouverons dans d'autres productions.

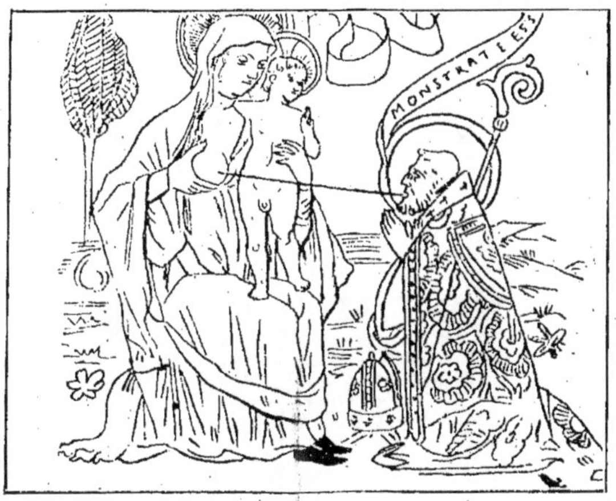

(Fig. 13.)

Vision de saint Bernard.

La Vierge, d'une taille démesurée, — car le buste est ostensiblement disproportionné, — est dans une attitude assise ; l'Enfant Jésus se tient debout sur les genoux de sa Mère dans un équilibre un peu instable, car il ne repose que sur la jambe droite, la gauche étant légèrement hanchée ; mais il était dit que tout devait être gauche dans ce malheureux petit Jésus, car c'est encore de la main gauche qu'il donne sa bénédiction au vénérable abbé.

Sa mère et lui sont nimbés.

La Vierge a la mamelle nue et sa main semble l'exprimer pour faire gicler le lait, qui est reproduit par un simple trait d'union entre le mamelon de Marie et les lèvres du religieux, du sein au saint.

L'attitude de la main droite est surtout critiquable ; la Vierge exprime son sein, comme nous exprimons une poire en caoutchouc, tandis que les nourrices qui présentent le sein font saillir le bout entre l'index et le médius.

D'ailleurs, ce qui achève de démontrer l'enfance de l'art, c'est l'esquisse d'un arbre inutile, placé en arrière, au second plan.

D'après l'archéologue Didron, cet épisode serait peint sur un des vitraux de l'église de Loisne-au-Bois, dans l'Aube. Nous ne l'avons

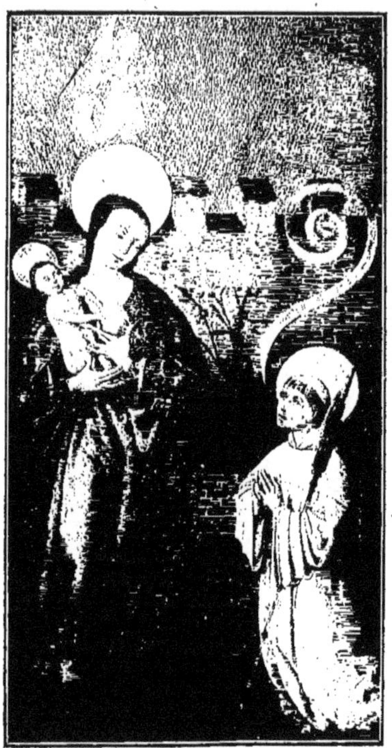

(Fig. 14.)

Vision de saint Bernard (Musée Wallraf-Richartz).

pas vu, mais par la description qu'en donne Witkowski, d'après Didron, ce doit être une copie fidèle de ce dessin.

On y voit saint Bernard à genoux, en habits de son ordre, et la crosse adossée à l'épaule : il reçoit dans la bouche un ruisseau de lait, que la Vierge assise fait couler de son sein, tandis que l'enfant Jésus placé sur les genoux de sa mère donne sa bénédiction à l'illustre orateur sacré. Au-dessus de la tête de saint Bernard, sur une banderole, on lit : *Monstra te esse matrem*, paroles du saint lui-même (1).

Lors d'un récent voyage à Cologne, j'ai trouvé, dans une petite salle du Musée Wallraf-Richartz, deux toiles reproduisant cette vision de saint Bernard. Le nom des artistes est inconnu, mais ce sont vraisemblablement des primitifs.

L'une de ces toiles montre la Vierge découvrant son sein aux regards de l'extatique, mais comme le giclement du lait fait défaut, je ne la cite que pour mémoire, tandis que l'autre rentre pleinement dans l'objet de cette étude (fig. 14).

La scène se passe derrière les murs crénelés d'un monastère. Ce n'est plus un respectable abbé chapé et mitré, c'est un simple moine agenouillé dans sa robe de laine blanche ; sa sainteté est caractérisée par l'auréole qui nimbe son chef, tandis que son pouvoir ecclésiastique est symbolisé par la crosse qui repose sur son épaule gauche. Sa tête rasée est ceinte d'une couronne de cheveux, son visage est juvénile, mais un peu atone ; son regard fixe et oblique en haut et en dehors, semble contempler dans l'extase éternelle l'éternelle beauté. Au-dessus de sa tête, une banderole contournée en point d'interrogation reproduit l'invocation : *Monstra te esse matrem*.

La Vierge est debout, drapée dans une longue robe très étoffée ; elle incline sa tête très légèrement, mais avec complaisance, vers son adorateur, qu'elle domine de sa haute stature. Elle porte son fils sur son bras droit ; tandis que sa main gauche effleure, plus qu'elle ne le soutient, son sein droit, développé en forme de dôme. Mais l'artiste l'a malencontreusement placé au milieu de la poitrine, au-dessus de la fourchette sternale, en sorte que la Vierge paraît n'avoir qu'un sein et être ainsi affligée de cette rare anomalie qu'on appelle l'amazie simple, ou absence d'une mamelle. Quoi qu'il en soit, du mamelon part un jet de lait, qui vient aboutir au-dessus du menton de saint Bernard.

Quant à l'Enfant divin, c'est tout simplement un monstre anatomique. Le torse ultra démesuré est surmonté d'une tête de microcéphale ; les membres ont subi un arrêt de développement ; la cuisse, fléchie à angle droit, repose tout entière sur la racine du pouce de sa mère : c'est le record du raccourci ; les membres supérieurs, d'une gracilité qui fait peine à voir, s'appuient maladroitement sur le sein maternel, pour prendre part à l'excrétion lactée.

Ce défaut absolu des proportions se retrouve dans les autres personnages, et surtout dans les mains. Les doigts de saint Bernard sont déjà un peu longs, mais ceux de la Vierge dépassent toute mesure, et c'est bien là la signature d'un primitif.

Le tableau suivant (fig. 15) est plus allégorique et sa composition le rapproche, en effet, de la légende. Nous ignorons malheureusement à quelle époque il appartient et quel est le nom de son auteur, mais son aspect général nous le fait classer dans l'École allemande.

---

(1) WITKOWSKI, *Anecd. hist. et rel. sur les seins et l'allaitement*, p. 121.

Comme une divinité païenne, la Vierge trône sur un nuage, et le vent qui charrie la nue s'engouffrant sous son manteau le fait flotter derrière ses épaules ; son fils déjà grandet est assis à ses côtés. La main droite, dans l'attitude classique, exprime son sein, d'où s'échappe un filet de lait qui vient retomber sur les lèvres d'un religieux relégué dans un angle du tableau.

Il n'y a pas d'erreur possible sur cette scène ; l'auteur a d'ailleurs gratifié chaque personnage d'attributs caractéristiques. Sur la chevelure de la Vierge

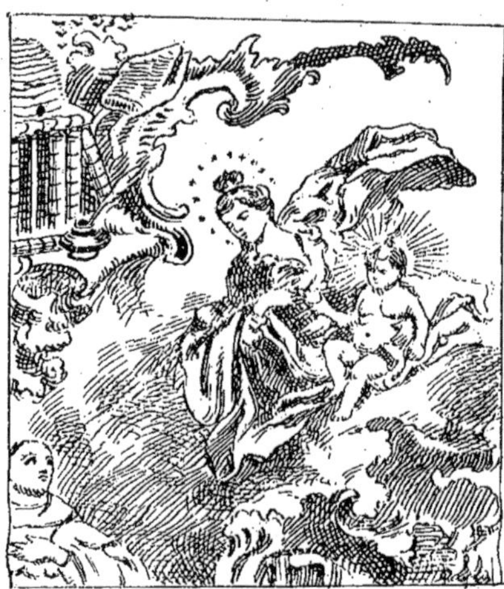

(Fig. 15.)

Vision de saint Bernard (École allemande).

est placé un diadème, entouré lui-même d'une auréole d'étoiles ; un nimbe radié enveloppe la tête du petit Jésus ; enfin, le moine est un Père de l'Église, comme l'atteste à l'angle supérieur de la toile une plume trempée dans une écritoire, et un peu au-dessus une mitre qui a l'air de s'envoler par-dessus les moulins.

La toile suivante (fig. 16) appartient à l'École flamande, puisqu'elle est d'Abraham Van Diepenbeeck, élève de Rubens. Nous croyons, sans pouvoir l'affirmer, qu'elle est au *Musée de Gand.* Le style diffère notablement de ce que nous venons de voir, et montre les progrès accomplis dans la science de la composition.

Nous sommes dans une chapelle. La Vierge est assise sur un trône d'église, surmonté d'un baldaquin drapé d'étoffe ; devant elle, en hémicycle, quatre religieux ont des attitudes complètement diverses. Nous manquons de compétence en liturgie catholique, pour indiquer avec autorité la signification de leurs gestes variés.

Celui qui est à la droite de la Vierge s'avance près d'elle et tend son index droit pour recevoir un anneau mystique ; celui qui est à gauche, debout également, mais avec une inclinaison du corps, semble recevoir des rubans, un scapulaire sans doute, que lui tend la Vierge ; un troisième, agenouillé

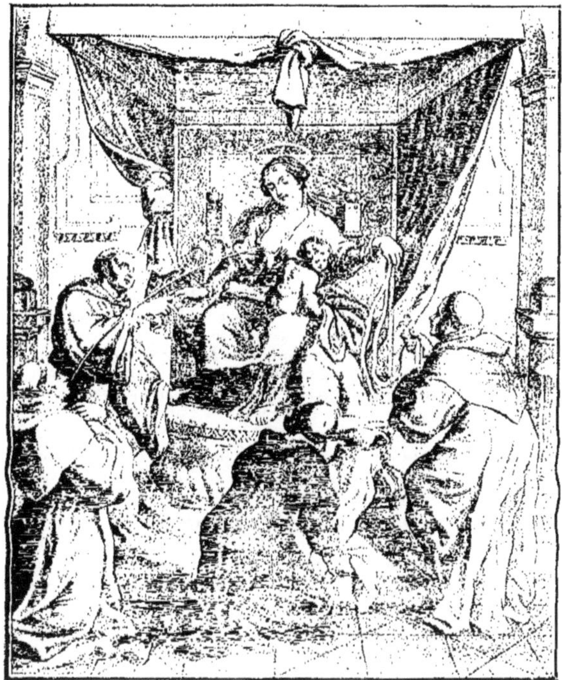

(Fig. 16.)

Van Diepenbeeck. — Vision de saint Bernard.

et à demi prosterné, ramasse à terre et soulève la traîne de la robe divine ; enfin, le quatrième, à genoux et les bras croisés sur sa poitrine, reçoit sur ses lèvres, comme une communion, un jet de lait parti du mamelon.

Il faut, croyons-nous, considérer cette scène comme un symbole des grâces célestes que distribue la Vierge à ses fervents adorateurs, plutôt que comme une reproduction de la vision de saint Bernard. Si

nous la reproduisons ici, c'est qu'il nous paraît presque certain que
le peintre flamand s'est fortement inspiré de la légende. Quoi qu'il
en soit, c'est un thème ingénieux, original même, et présenté avec
clarté. Tous les personnages sont disposés avec art pour concourir
au même but, sans se nuire les uns aux autres : leur physionomie est
suffisamment expressive, et l'attitude désinvolte du petit Jésus vient
égayer le sujet. C'est un véritable tableau d'église.

Nous terminerons l'histoire iconographique de cette légende par
l'École espagnole, avec une toile de Bartholomé Esteban Murillo.
L'artiste sévillan qui a peint tant de madones lui devait bien cette
dernière incarnation.

La simplicité de la composition est heureusement rachetée par la vigueur
du dessin. Saint Bernard est en prières, humblement agenouillé, la main
gauche posée sur son cœur, la main droite tendue en suppliant, le regard
dirigé vers le ciel avec une expression invocatrice. Pour ne pas être troublé
dans la ferveur de son oraison, il a déposé à terre son livre d'heures et sa
crosse abbatiale (fig. 17).

Dans une lumineuse clarté, la Vierge lui apparaît au milieu d'un nuage
formé par les innombrables têtes d'anges que Murillo a semées à foison dans
ses tableaux religieux. Les lignes du visage ont la pureté qui convient à Celle
qu'on a appelée la plus belle des mères ; mais l'attitude inexpressive de son fils
altère le charme de cette peinture. Nous en pourrions presque dire autant
de la main droite de la Vierge, qui exprime son sein entre le pouce et l'index
pour arroser le pieux cistercien. Nous nous sommes suffisamment expliqué
sur le geste classique pour n'y pas revenir.

Ajoutons qu'un vitrail de l'église de Vezelize (Meurthe et-
Moselle) (1) et une peinture murale de Notre-Dame de Calais re-
tracent le même épisode.

On voit aussi, dans la cathédrale d'Arras, un tableau (2) reproduisant saint Bernard écrivant et trempant sa plume dans une écritoire où la Vierge Marie fait jaillir le lait qui s'échappe de son sein.

Les visions de saint Bernard sont très nombreuses en peinture et
dans des styles différents, mais la plupart des artistes se sont
contentés de représenter la Vierge dévoilant son sein aux regards
extatiques du moine, et n'ont pas reproduit le fait essentiel pour
nous : l'excrétion lactée.

Nous avons déjà signalé le tableau d'un inconnu au *Musée de
Cologne* ; il en est de même d'une peinture hollandaise au *Musée
de Berlin*, et également encore d'une autre toile du Maître de la *Vie
de Marie*, etc., etc.

Nous venons de voir comment le pinceau des maîtres avait retracé
la légende mythologique et la légende religieuse. C'est, qu'en effet,
à l'origine de l'art, les peintres se contentaient d'écrire sur leurs

---

(1) *Chron. méd.*, 1911, p. 403.
(2) Witkowski, *Anecd. hist. et relig. sur les seins et l'allaitement*, p. 120.

tableaux l'histoire transmise, mais bientôt la fantaisie se glissa dans les ateliers, et dès lors c'est l'imagination des artistes qui, chevauchant des chimères, enfanta des histoires.

Devant ces manifestations si nombreuses et si variées de l'Art, nous

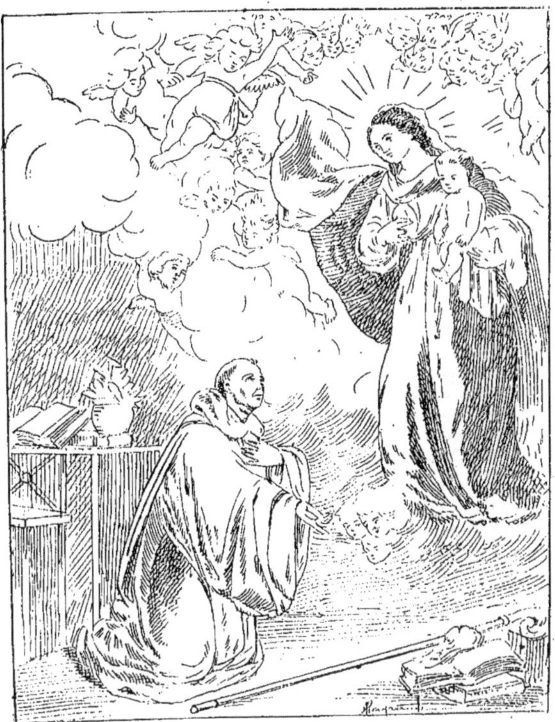

(Fig. 17.)

Murillo. — *Vision de saint Bernard.*

ne pourrons plus suivre un ordre méthodique ; comme le papillon qui va du lis immaculé à la rose éclatante, il nous faudra voltiger sans transition aucune d'un sujet à un autre et butiner suivant les hasards du chemin.

Rubens est, sans contestation possible, celui des grands Maîtres de l'Art qui a reproduit le plus souvent et le plus volontiers l'excrétion lactée. Nous avons déjà décrit son *Allaitement d'Héraclès*; nous allons nous arrêter sur une de ses Vierges nourrices, et nous aurons encore l'occasion de le citer plusieurs fois avant la fin de ce travail.

Parmi les nombreuses madones qu'il a peintes, celle que la *Chronique* a reproduite (1903, p. 31) est assurément la plus originale ; on pourrait même croire que c'est en faisant allusion à ce tableau qu'Eugène Fromentin a écrit cette phrase : « Il ne se refusait jamais une bizarrerie qui, dans ses mains, devenait un trait d'esprit, quelquefois une audace heureuse. » C'est aussi une de ses compositions les plus naturelles, car, sans l'auréole qui illumine la tête, on se croirait devant une maman de son époque qui s'amuse avec son nourrisson.

Rubens a donné à la *Deipara Virgo* le physique de son Hélène Fourment, qui est d'ailleurs son type de prédilection : le front un peu bombé et largement découvert, le nez grec, la bouche et le mentons petits ; l'expression de la physionomie est plutôt indécise, mais l'attitude du corps, légèrement penché sur son fils, est des plus vivantes.

Bien qu'il soit le peintre des carnations vigoureuses, Rubens s'est bien gardé d'étaler une poitrine opulente. Comme il convenait à ce sujet religieux, il a pudiquement délacé le corsage et entrebâillé la chemise, pour ne laisser apercevoir du sein que ce qui était strictement nécessaire, et encore l'a-t-il en partie abrité sous la main qui l'exprime physiologiquement entre le médius et l'index.

Deux jets lactescents partis du mamelon viennent tomber dans la bouche entr'ouverte de l'enfant, qui repose, moelleusement et nonchalamment, sur un édredon. On voit bien, comme l'a dit Louis Hourticq, que la religion n'intéresse Rubens que par ses attaches à l'humanité. Mais pourquoi le Maître a-t-il affligé ce petit Jésus d'une si disgracieuse hydrocéphalie ? Son angle facial dépasse assurément, et de plusieurs degrés, l'angle droit.

Plus portraitiste que son maître Rubens, Antoine Van Dyck a utilisé l'excrétion lactée, pour donner à une de ses toiles une grâce voluptueuse. Ayant à peindre deux de ses contemporains, — sans doute un prince et sa maîtresse, — il a, contraste ingénieux, revêtu l'un d'une armure d'acier et galamment déshabillé l'autre ; et c'est ainsi qu'embellies de quelques amours, ces deux figures du XVIIe siècle nous ont été conservées sous le nom de *Mars chez Vénus* (fig. 18).

Van Dyck excellait à camper ses personnages ; ce tableau en est la preuve. On n'y trouve pas la science des chairs tourmentées d'un Rubens, mais une noblesse d'attitude, un charme pénétrant, une sentimentalité exquise.

Mars a dépouillé sa rudesse guerrière ; sous son corset de fer on sent battre le cœur de Don Juan ; ce n'est pas un vainqueur avide de s'enivrer de sa conquête, c'est le lion amoureux devenu docile, patient et subjugué, tout en restant grand seigneur.

Les armes de Vénus sont la beauté corporelle et la grâce, plus belle encore que la beauté ; Van Dyck l'a reproduite sous ses armes. Cette adorable créature semble coulée d'un seul jet dans un moule

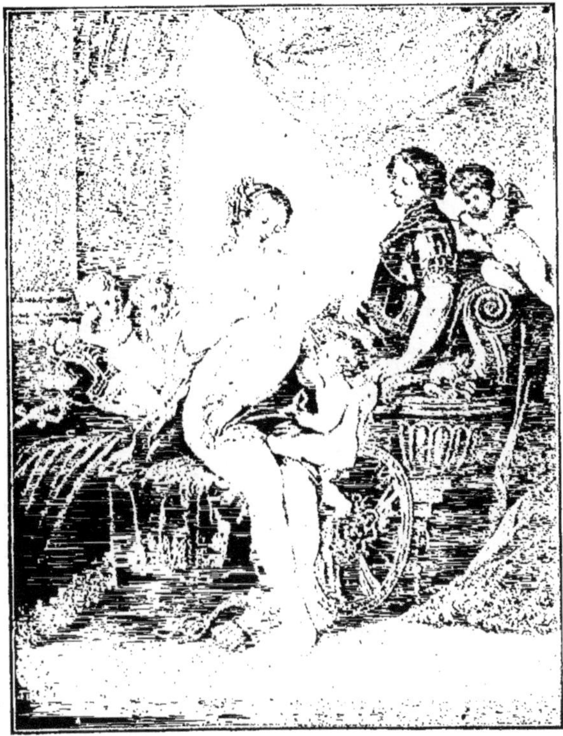

(Fig. 18.)

Van Dyck. — *Mars chez Vénus.*

idéal ; son corps a la souplesse de l'adolescence et l'élégance de la courtisane.

Détaillons cet ensemble harmonieux où tout est séduction, de la morbidesse des chairs au rendu des contours ; admirons la finesse des attaches, l'expression du visage où se lit le bonheur sous la modestie du regard, et par-dessus tout cette gorge ivoirine, d'où elle fait sourdre quelques gouttes de liquide, qu'un amour recueille sur ses lèvres comme une restitution. En vérité, devant cette merveilleuse anatomie, on serait mal venu de trouver Mars... en carême.

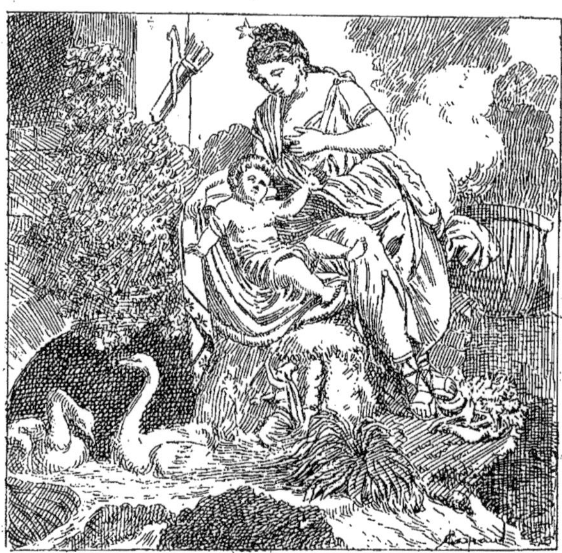

(Fig. 19.)

Colibert. — *Vénus et l'Amour.*

Ces jeux de l'Amour... et du hasard nous amènent à l'idylle de Colibert : *Vénus et l'Amour* (fig. 19). Nous glissons, par une pente insensible, du portrait à la pastorale; aussi, maintenant, *paulo minora canamus.*

Lasse d'une promenade à travers bois, Vénus s'est arrêtée au bord d'une onde pure, où se mirent des cygnes indolents ; elle s'assoit sur la pointe d'un rocher, au pied d'une stèle surmontée d'une divinité, accroche à la pierre le carquois symbolique et lutine le petit dieu malin. Alors, dernière espièglerie, elle dégrafe sa tunique, exhibe le plus mignon tétin, et se met à baptiser de son lait le tyrannique enfant.

Cette églogue, où domine l'inspiration poétique, est peinte avec sobriété. Colibert l'a placée dans un frais paysage, à l'orée d'un bois solitaire propice aux badinages amoureux : c'est moins lascif qu'un Fragonard, c'est plus capiteux qu'un Lancret.

De l'idylle à l'élégie il n'y a qu'un pas : franchissons-le, et arrêtons-nous un instant sur la terre canadienne, au tombeau d'un enfant.

On sait que les coutumes et les rites funéraires varient beaucoup suivant les races. Il est traditionnel, chez les peuplades indiennes du Canada, qu'à la mort d'un nourrisson, la mère arrose de son lait, jusqu'à ce qu'il soit complètement tari, la terre qui recouvre le fruit de ses entrailles. Cette pratique naïve est basée sur cette idée sublime, que Brieux n'a pas suffisamment utilisée dans ses *Remplaçantes*, que le lait maternel n'est fourni par la nature que pour le produit de la gestation, qu'il n'appartient qu'à lui seul, et qu'il lui appartient tout entier. Le Barbier, peintre peu connu, a fixé sur la toile cet attendrissant spectacle.

Un jeune couple égare ses douleurs auprès d'un tumulus, fait de pierres rectangulaires et de pisé ; accoudé à l'angle du monument, l'époux, maîtrisant sa torture morale, ne laisse deviner sa souffrance que par une attitude brisée et une physionomie abattue. Plus extériorisée dans sa douleur, l'épouse incline avec souplesse une taille flexueuse, épanche sur le sol un lait désormais inutile,

A quoi bon ce sein blanc sans cette bouche rose ?

Et verse, suivant l'expression sublime de Bossuet, des larmes avec des prières ; mais,

Ne faisons pas de bruit autour de cette tombe.
Laissons l'enfant dormir et la mère pleurer.

Avant d'aborder le chapitre suivant de l'histoire artistique de l'excrétion lactée, il nous faut dire quelques mots des artistes qui ont agrémenté leurs œuvres de la reproduction de fontaines ubérales, authentiques ou imaginaires.

Le Vénitien Francesco Colonna, moine dominicain, a publié, en 1499, un livre curieux intitulé : *Polyphili Hypnerotomachia*, plus connu en France sous le nom de *Songe de Polyphile*. Cet ouvrage, œuvre d'un visionnaire, est surchargé de descriptions d'édifices fantastiques, dont deux se rapportent à notre sujet. Witkowski en a reproduit les figures dans ses *Curiosités médicales, littéraires et artistiques sur les seins et l'allaitement* (pp. 128 et 129).

L'une représente une fontaine surmontée de trois femmes nues, les trois Grâces assurément. Leur main droite remplit l'office de feuilles de vigne, tandis que leur main gauche soutient une corne d'abondance ; ces trois cornes se fusionnent, pour former une coupe pleine de fruits. Le fait, intéressant pour nous, est que ces femmes expulsent de leurs seins des jets d'eau qui viennent arroser des monstres marins crachant également de l'eau ; le tout est supporté par des chimères ailées.

L'autre représente, entourée d'un portique grec, une nymphe endormie sous un arbre. A ses pieds, selon l'expression de Witkowski, un satyre émerveillé laisse voir sans vergogne l'effet que produit sur lui la vue de ce beau corps de femme. De chaque mamelle jaillit un filet d'eau, mais ce qui est vraiment original, c'est que le sein gauche donnerait une eau chaude, tandis que le droit lancerait une eau fraîche et limpide. Et ce qui est plus ingénieux encore, c'est que la courbe de l'eau chaude est dirigée de façon à ne pas gêner le mortel heureux qui voudrait étancher sa soif, en tétant le sein droit de la nymphe.

Le Flamand MARTIN DE VOS, qui fut doyen de la gilde d'Anvers, en 1571, a, dans une composition allégorique, *l'Amour dans le monde*, dessiné un buste de femme qui, soutenant ses seins à la manière classique, projette un filet d'eau de chaque mamelon.

Jacob DE GHEYN, un autre Flamand, contemporain de Martin de Vos, dans son tableau d'*Actéon changé en cerf*, fait jaillir des mamelles d'une faunesse l'eau du bassin où Diane est surprise.

Toujours dans le même genre, de la même époque et de la même École flamande, nous retrouvons RUBENS, le dévotieux adorateur des seins. Dans les *Filles de Cécrops*, il a reproduit une femme en buste et quintimammée, mais c'est dans le *Jardin d'Amour*, au *Musée du Prado*, à Madrid, qu'il a mis toute sa verve fantaisiste.

Le titre est déjà suggestif, mais la peinture l'est bien davantage.

Un essaim de jeunes beautés échangent de galants propos, et si l'on ne s'embrasse pas plébéiennement, à bouche que veux tu, comme dans sa *Kermesse du Louvre*, on y pratique du moins le flirt aristocratique et sélect. Les femmes ont des poses savamment séductrices, les hommes des attitudes plus entreprenantes, tous et toutes se chuchotent à l'oreille

> *Ces paroles sans nom, et pourtant éternelles,*
> *Qui ne sont qu'un délire,*

et de l'ensemble se dégage un enivrant parfum d'amour.

La terrasse d'un château sert de cadre à ces causeries amoureuses. A droite, se voit une fontaine d'une architecture appropriée à ce séjour du plaisir. Une femme, nymphe ou naïade, à califourchon sur un dauphin, comme jadis le poète Arion, soulève dans ses mains ses puissantes mamelles, les exprime entre le pouce et l'index, pour en faire jaillir deux jets d'eau, et le murmure de l'onde se mêle à l'amoureux murmure.

Nous avons déjà signalé le tableau de C. G. Schütz, le *Marché sur le Römerberg*, à Francfort, où se trouve dessinée la *Fontaine de la Justice*.

Plus près de nous, nous devons citer le tableau que Charles Antoine-Henri Baron peignit en 1848 : *Un enfant vendu par les pirates*.

Dans ma collection personnelle je possède la gravure de ce tableau avec le titre : *Acquisition* (fig. 20). On remarquera combien cette œuvre pleine d'actualité arrivait à son heure, car c'est en mars 1848 que Victor Schœlcher, sous-secrétaire d'Etat aux colonies, faisait rendre le décret abolissant l'esclavage dans les colonies françaises.

Charles Baron, qui mourut à Genève en 1885, âgé de 71 ans, fut un des bons peintres de genre du milieu du xixᵉ siècle ; la gravure que nous reproduisons en est la preuve. On y doit admirer le groupement des personnages, l'expression des physionomies, le coloris des costumes.

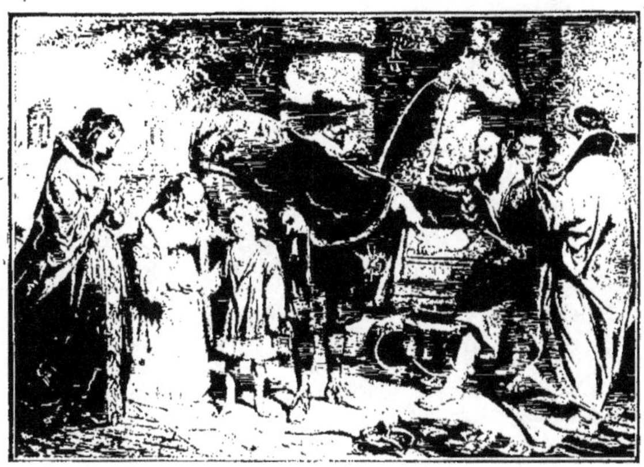

(Fig. 20).

Ch. Baron. — *Acquisition.*

Chargés de rapines et de butins, des pirates africains viennent de débarquer dans un port et s'empressent de vendre, pour quelques pièces d'or, un jeune enfant qu'ils ont enlevé dans leur expédition. A droite, sont les pirates ; une expression de douloureuse cupidité se lit sur le visage de celui qui marchande un dernier louis ; tandis que, derrière lui, son compagnon ne peut retenir un sourire sarcastique et féroce. A gauche, le groupe des acheteurs fait contraste par le chatoiement des étoffes et l'air compatissant des figures. Au centre, le pauvre petit vendu semble, par son attitude hésitante, douter encore de sa libération.

Mais ce qui nous intéresse dans cette œuvre, c'est une fontaine, que l'artiste, dans un but peu compréhensible, a placée au second plan. Cette fontaine est formée par le torse, puissamment modelé, d'une femme qui soutient ses seins, d'où s'écoule l'eau qui remplit le bassin. Maintes fois, dans le cours de cette étude, nous avons critiqué la pose antiphysiologique des mains soutenant et exprimant

les mamelles ; ici, le geste est encore plus anormal, car c'est entre
le médius et l'annulaire qu'émerge le mamelon.

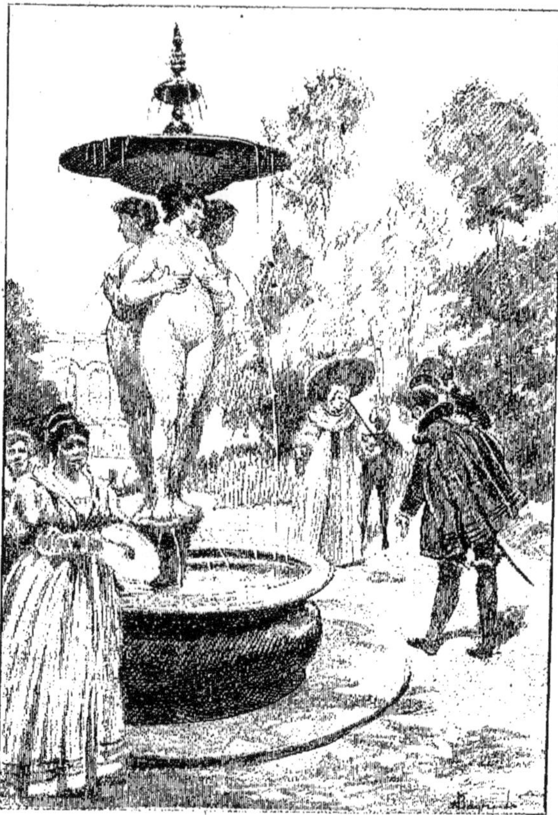

(Fig. 21.)

Jules Garnier. — *La Fontaine de l'abbaye de Thélème.*

C'est par la conception imaginaire d'un moine vénitien que nous
avons commencé cette série de dessins d'un genre vraiment spécial ;
c'est par une fontaine non moins fictive du curé de Meudon que nous
la terminerons.

Nous allons reproduire la *Fontaine de l'abbaye de Thélème* (fig. 21),
conçue par Maître François Rabelais et imagée par Jules GARNIER,
un de ses meilleurs illustrateurs.

Voici, d'abord, comment s'exprime Rabelais, au livre 1, chapitre LV : *Comment estoit le Manoir des Thélémites :*

Au milieu de la basse court estoit une fontaine magnifique de bel
Alabastre. Au-dessus les trois Grâces, avecques cornes d'abondance. Et
jectoient l'eaüe par les mammelles, bouche, aureilles, yeulx et aultres ouvertures du corps.

Jules Garnier, dont le pinceau a été maintes fois censuré, et qui
n'a reculé ni devant les *Droits du Seigneur*, ni devant les *Orgies de
Borgia*, semble avoir hésité devant les débordements rabelaisiens.

Au milieu d'un bassin arrondi, reposant sur un grêle piédestal, les trois
Grâces sont fusionnées par les régions dorso-fessières, de façon à montrer au
public la partie antérieure de leur anatomie. Au-dessus de leur tête, une
vasque arrondie leur forme à volonté un parapluie de bronze ou un parasol
d'airain. Ces belles personnes soupèsent leurs seins, d'où jaillit une onde
abondante.

Jules Garnier n'a pas osé — et il a eu bien raison — perforer
les aultres ouvertures du corps, ce qui eut transformé en écumoires
ces appétissantes créatures. Ainsi limitée, la composition reste suffisamment suggestive.

CHAPITRE III

L'EXCRÉTION LACTÉE DANS L'ALLÉGORIE.

A vrai dire, ce chapitre n'est qu'une subdivision du précédent ;
devant cette Babel de dessins infiniment variés, il nous a paru
nécessaire, pour la clarté de cette étude, de grouper toutes les compositions à tendance allégorique ; leur rapprochement facilite la
comparaison, et l'on nous concédera que, dans les pages précédentes,
nous nous sommes efforcé de lier en faisceau les sujets similaires,
pour les mieux comprendre et apprécier. Notre but, d'ailleurs, n'est
pas de faire défiler de nombreuses images dans un kaléidoscope
artistique, mais bien de voir comment les peintres ont interprété la
physiologie du sein.

Le lait, et par extension les mammelles, qui en sont les glandes
sécrétoires, ont toujours symbolisé la fécondité. La littérature
abonde en métaphores de ce genre, et l'art graphique a, de tout
temps, accordé une poitrine opulente aux déesses fécondes ; la
polymastie exagérée — témoin la Diane d'Éphèse — n'a pas été
créée dans un autre dessein.

La mythologie indienne représente Maia épanchant à jets continus
le lait de ses mamelles, qui devient ainsi l'origine d'une mer de lait.

La *Chronique médicale* (1906, p. 55) a reproduit la gravure de cette divinité hindoue.

En Egypte, le Nil, avec ses crues périodiques, a été considéré comme le dieu fécondateur du pays, et l'on a retrouvé dans le temple d'Isis, à Philæ, — aujourd'hui les ruines de Boulak, — des pierres gravées représentant le dieu expulsant de son sein le liquide qui va fertiliser l'Egypte.

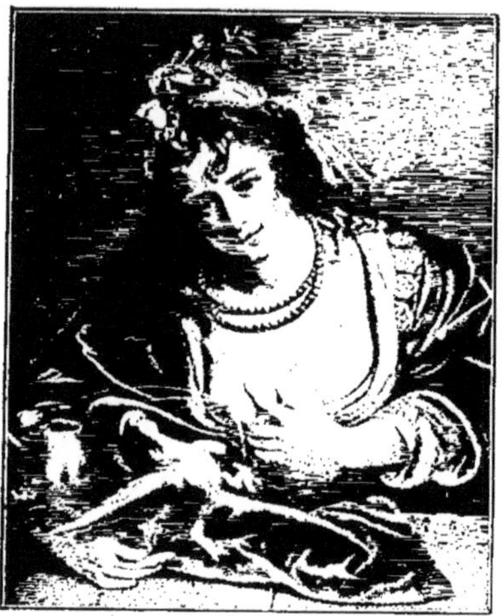

(Fig. 22.)

Paul Moreelze. — *La Femme aux pigeons.*

C'est dans le même ordre d'idées qu'il faut ranger la gravure que Witkowski a reproduite dans *les Seins à l'Eglise* (p. 262), sans nom d'auteur. On ignore, faute d'indication, s'il s'agit d'une sculpture, d'une peinture ou d'un dessin.

Une jeune femme est assise sur un tabouret, sa luxuriante chevelure tombant jusqu'au siège lui sert de vêtement protecteur en arrière ; sur ses cuisses, repose un globe terrestre, qu'elle arrose copieusement en faisant gicler ses deux seins.

Nous avons vu, dans le chapitre précédent, de jeunes mères et la Vierge elle-même trouver une jouissance toute maternelle à barbouiller de leur lait le visage de leur nourrisson ; nous allons voir d'autres femmes se livrer à ce même jeu innocent sur des animaux et sur des fleurs. Faut-il ne voir là qu'un caprice artistique ou des sujets allégoriques ? Le doute est permis, les deux hypothèses étant plausibles.

On a trouvé, dans la collection des tableaux de Lebrun, une toile d'un peintre hollandais, Paul Moreelze, qui, suivant la manie latinisante de l'époque, était quelquefois désigné sous le nom de Paulus Moreelos. Il s'agit (fig. 22) d'une jeune femme appartenant à l'aristocratie, comme le révèle sa coiffure ornée de fleurs, ses vêtements somptueux et ses riches bijoux. Découvrant une poitrine superbe, elle presse son sein et en fait jaillir en pomme d'arrosoir cinq à six jets de lait, qu'elle dirige sur deux pigeons tenus dans sa main. Surpris par cette pluie bienfaisante mais inattendue, ceux-ci se débattent avec vigueur.

Élève de Michel Mireveelt, Paul Moreelze n'est guère connu que comme portraitiste. S'agit-il d'un simple portrait ? c'est très probable ; mais il est non moins vraisemblable que l'artiste a voulu symboliser l'amour de cette femme pour nourrir ses enfants.

Cette œuvre est magnifique ; nous n'en voulons pour preuve que les nombreuses copies, retouches ou pastiches qui en ont été faits.

Dans les *Seins dans l'histoire* (p. 262), Witkowski en donne une gravure avec ce commentaire :

Une toile de notre galerie, qui rappelle les types flamands et l'éclat du coloris de Jordaens, semble avoir inspiré l'œuvre précédente.

Un simple examen laisserait croire que c'est la même reproduction ; il y a, pourtant, des différences.

Le sujet est d'abord retourné, c'est-à-dire que la femme incline sa tête à gauche, au lieu de l'incliner à droite, et c'est le sein gauche qu'elle exprime au lieu du droit. Tout cela n'est rien et s'explique par le retournement de l'image ; mais il y a des différences plus typiques. Le collier qui enveloppe le cou est à deux rangées de perles dans le tableau de Morcelze, à un seul dans la reproduction ; la boucle de cheveux qui descend jusqu'au milieu des sourcils dans le tableau, s'arrête à mi-front dans la copie ; il y a, encore, de légères variantes dans la coiffure et les passementeries du corsage, mais le sujet est tellement superposé qu'on ne peut y voir qu'une copie avec retouche.

Dans la *Nourrice* de Gaspard Mensch, les nuances sont plus tranchées encore ; la coiffure est transformée ; le collier n'a qu'un rang de perles ; la main gauche, qui presse le sein entre l'index et le médius, se trouve placée entre les deux seins et ne presse plus rien ; les pigeons ont une attitude plus adoucie ; bref, ce n'est plus une copie, c'est un pastiche.

Donner cette anormale becquée à des colombes peut, à la rigueur, se concevoir des caprices féminins, mais en faire de la pâtée pour les chiens, c'est ultra-fantaisiste. C'est pourtant ce qu'a fait César Ripa, un auteur qui nous est à tout fait inconnu.

Une jeune femme, à la robe constellée d'étoiles, fait gicler le lait de ses mamelles, et quatre chiens, d'espèces différentes, viennent le laper au passage.

Witkowski, qui a mis cette gravure dans les *Seins à l'Eglise* (p. 347), semble l'indiquer comme représentant la *Bénignité*, une vertu cardinale.

D'autres artistes, poussant l'antiphysiologisme plus loin que Morcelze et Ripa, ont transformé le sein en arrosoir aristocratique, comme on peut le voir à la Bibliothèque de Saint-Germain-en-

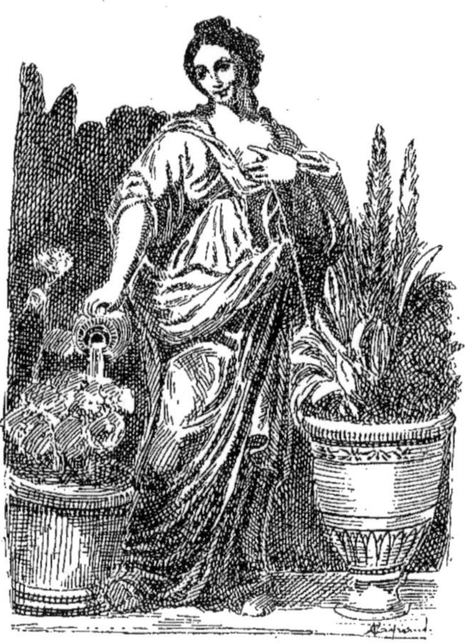

(Fig 23.)

Jean-Marc Nattier. — *Flore.*

Laye, dans la *Flore* de Nattier. Jean-Marc Nattier a peint à foison des figures allégoriques, et sa *Flore* n'est pas la moins originale.

La déesse est debout (fig. 23), dans une pose académique ; son visage est souriant et sa tête n'est ornée que de sa chevelure naturelle ; elle tient dans sa main droite une urne qu'elle épanche sur une plante grasse, tandis que sa main gauche, pressant sa mamelle ivoirine, arrose de son lait une touffe de plantes contenues dans un vase de marbre.

Cette composition est froide, comme toutes les productions classiques du xviiie siècle ; le naturel en est banni, remplacé par la recherche et l'effort. Elle s'en distingue pourtant par la hardiesse du

geste, qui exprime à lui seul toute la vertu reviviscente de la déesse :

Ce n'est rien sans l'esprit, c'est tout avec l'idée.

Combien plus naturelle, plus charmante, plus persuasive et plus compréhensible est la *Vigne régénérée* (fig. 24), d'E. Michel (Salon de 1895).

Quelle vie, quel mouvement dans ce groupe de jeunes assoiffés ! On dirait que ces enfants se précipitent vers cette femme qui, de son côté, semble accourir vers eux, et l'on croirait que les seins jaillissent du choc de cette rencontre.

N'est-il pas vrai que cette fiction imagée parle plus que la *Flore* de Nattier à notre entendement, encore plus qu'à nos sens ? Oh ! la belle allégorie !

Le phylloxera vient de ravager nos vignobles, semant dans nos campagnes la misère et la désolation ; et voilà que, soudain, apparaît, le front couronné de pampres, la Vierge de la Régénération. Elle accourt du Nouveau Monde, et, pressant ses mamelles sanglantes, verse à pleins jets l'espérance et la fortune.

Comme cette belle idée est admirablement rendue ! La régénératrice est une puissante créature, et sa nudité nous montre qu'elle est effectivement apte au rôle qu'elle va jouer. Aussi, cette nudité n'est-elle ni choquante ni égrillarde.

La feuille de vigne semblait, d'ailleurs, tout indiquée ici, pour masquer les régions pudiques ; or, les personnages sont si heureusement enlacés, qu'une seule a suffi à l'artiste. Il l'a placée sur les parties génitales d'un de ces jeunes bambins, qui s'efforcent de boire à la régalade le lait miraculeusement changé en vin. C'est une édition corrigée des *Noces de Cana*.

Nous nous permettrons cependant une légère critique. La jambe gauche est vraiment un peu longue, et l'attitude repliée de la jambe droite fait ressembler la femme à un échassier.

Passons à présent à des allégories d'un genre tout différent et, pour suivre l'ordre chronologique, commençons par un tableau de Van Veen, que nous avons trouvé à Cologne, au *Musée Wallraf-Richartz*.

Otto Van Veen naquit à Leyde en 1558, fut un des maîtres de Rubens, et mourut à Bruxelles en 1629. En France, nous le connaissons mieux sous le nom d'Otto Vænius, parce que les peintres flamands de cette époque avaient la manie pédante de latiniser leur nom.

Ce tableau est intitulé : *Jugend*, c'est-à-dire « Jeunesse ». Le sujet est difficile à décrire, mais plus difficile encore à interpréter.

Une femme, jeune il est vrai, d'une beauté réelle, la gorge nue, les seins palpitants, — et le pinceau de l'artiste les a caressés avec joie, — se précipite sur un jeune homme et l'inonde de son lait qu'elle fait jaillir du sein gauche.

Cet homme, à la figure mâle et expressive, tombe à la renverse, foudroyé par l'amour bien plus que par le jet de liquide ; son attitude renversée a

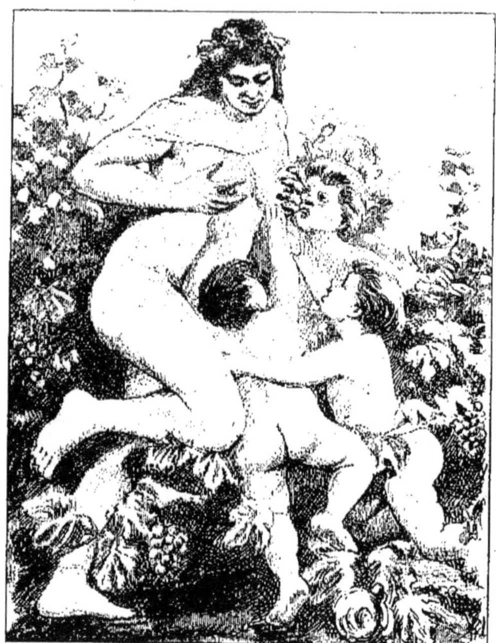

(Fig. 24.)

E. MICHEL. — *La Vigne régénérée.*

permis à Van Veen d'étaler une musculature vigoureuse. Dans sa chute, il est soutenu par une Déesse, — Minerve apparemment, — qui est casquée et revêtue d'une cotte de mailles. Tandis que sa main gauche le soutient, sa droite semble le préserver du jet laiteux. Un petit amour, à l'air tout effaré, est également interposé entre le sein de la femme et le visage de l'homme.

Autour de ces sujets principaux, gravite une foule de personnages accessoires. A la droite du tableau, deux jeunes enfants, servant de canéphores, portent sur leur tête une corbeille de raisins ; à gauche, deux adultes : l'un,

ayant l'aspect et le costume d'un Arabe, retient le jeune homme par les
vêtements ; l'autre, couronné de feuillages, tient dans sa main une coupe
pleine de raisins, dont le jus se renverse sur le vaincu. Au second plan, un
faune aux oreilles allongées, la tête ceinte de feuilles de vigne ; plus loin,
deux colombes, emblèmes de l'Amour ; au milieu et au fond, un homme avec
la faulx, emblème de la Mort.

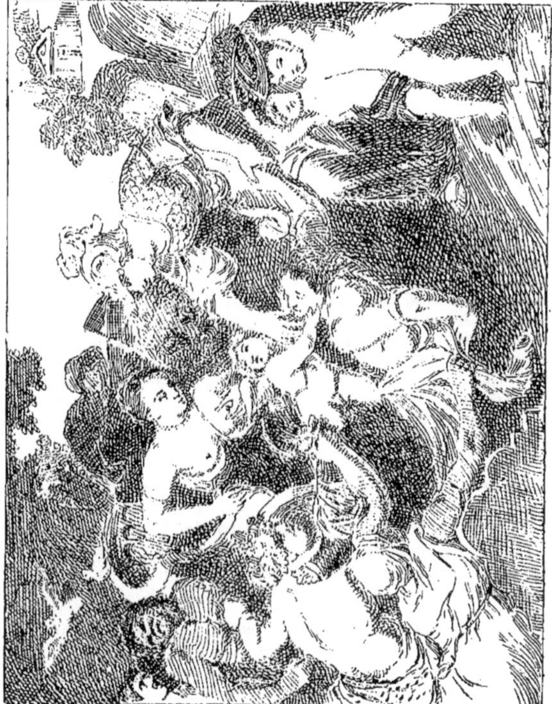

(Fig. 25.)

Otto Van Veen. — *Jeunesse.*

Que représente un tel sujet ? S'agit-il d'une scène mythologique ?
C'est possible, mais nous ne connaissons rien qui puisse s'y
rapporter. Ne s'agirait-il pas plutôt d'une fin de bacchanale, puisque
nous y trouvons mêlés les attributs divers de Bacchus, de
l'Amour et de la Mort ?

Grisée par les vapeurs du vin, la jeune femme poursuit son adorateur et lui jette au visage le trop-plein de son sein ; l'homme lui-

même, peu solide après tant de libations, perd l'équilibre et tombe à la renverse.

Dans les *Seins à l'Eglise*, de Witkowski (p. 233), on trouve une gravure qui a un air de parenté avec la toile de Van Veen. Et, en effet, un examen plus prolongé ne tarde pas à démontrer que c'est le même tableau, avec de nombreuses modifications. « C'est, dit Witkowski, une ancienne estampe anonyme avec cette légende : *Sur un libertin, Vénus, accompagnée d'Eros, arrose de son lait Bacchus, sans doute protégé par Minerve.* Nous ne savons à quel épisode cette estampe se rattache. »

La femme — Vénus si l'on veut — est d'abord beaucoup plus inclinée ; sa tête, son cou, sa poitrine, sont plus penchés en avant ; elle se précipite vraiment sur l'homme. — Bacchus si l'on veut. Comme conséquence forcée de cette attitude, le bras droit est plus déjeté en arrière ; la coiffure est légèrement modifiée et l'air de jeunesse — *Jugend* — fait surtout défaut. Le jet de lait est, par contre, bien plus net.

La pose renversée du jeune homme est la même, mais sa chevelure est frisotée ; il n'a plus ce caractère de jeunesse qui semble bien la dominante dans l'esprit de Van Veen ; il tient de plus dans sa main droite un long bâton, hampe de lance ou de drapeau, qui fait défaut dans le tableau de Cologne.

Minerve est encore plus dissemblable : son casque est ailé en arrière ; sa cuirasse est décolletée en pointe en avant et non en cercle ; enfin, son bras droit soutient un bouclier orné d'une tête de Méduse. C'est sur le bord de ce bouclier que vient s'éclabousser le jet laiteux de la femme.

Les deux Amours canéphores font défaut ; par contre, la perspective du fond est remplie par une vallée, et des anges, porteurs de couronnes, descendent de la nue ; l'homme à la faulx porte sa tête très inclinée sur le côté.

Ces variantes sont effectivement très caractéristiques et modificatrices, mais elles n'apportent aucune clarté au sujet et ne donnent point la clef de l'énigme. Peut-être, parmi les lecteurs d'élite qui constituent la clientèle de la *Chronique médicale*, s'en trouvera-t-il un pour solutionner ce problème ; nous lui en serons reconnaissant.

Après le maître, l'élève ; après Otto Van Veen, Pierre-Paul RUBENS. Lui ! encore lui !! toujours lui !!! Dans l'admirable tableau de la galerie du marquis de Stafford, *la Paix et la Guerre*, qu'on désigne aussi quelquefois sous le nom de *la Famille de Rubens*, l'allégorie est plus transparente, mais pour la bien comprendre il faut se remémorer la vie de ce grand peintre.

Ses relations artistiques avec Buckingham le firent choisir par les Provinces-Unies, pour aller comme ambassadeur à Londres négocier les conditions de la paix entre l'Angleterre et l'Espagne. Et voilà Rubens discutant les intérêts divers de Charles Ier, de Louis XIII, de Philippe IV, et causant diplomatiquement avec le comte d'Olivarez et le cardinal de Richelieu !

Quoiqu'il en soit, préoccupé de sa mission, Rubens voulut, avant
son départ, opposer du moins sur la toile, les horreurs de la guerre
aux bienfaits de la paix, et du même coup immortaliser une fois
de plus Isabelle Brant, ses enfants et lui-même (fig. 26).

Rubens s'est représenté en chevalier ceint de la cuirasse, tenant

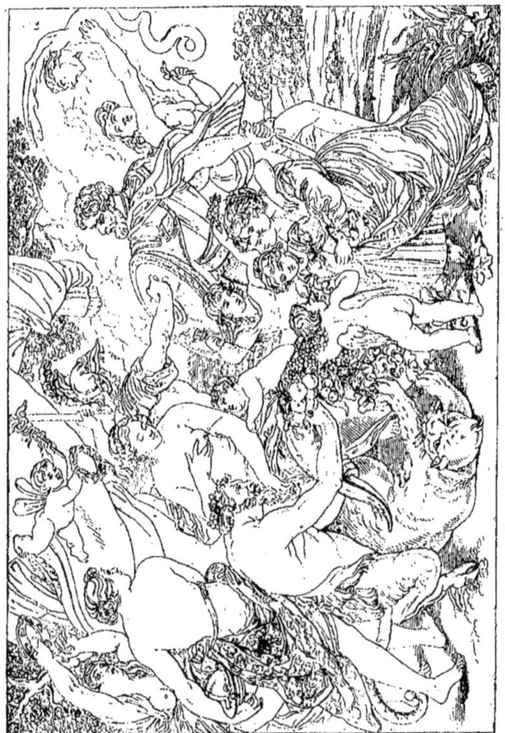

(Fig. 26.)

Rubens. — *La Paix et la Guerre.*

le glaive dans la main droite et le bouclier dans la main gauche.
Sur le point de partir, stimulé par les furies guerrières, il se
retourne une dernière fois et jette un regard de regret sur les joies
familiales et pacifiques qu'il abandonne.

Trois personnages symbolisent la guerre : une superbe Bellone, qui semble le chasser en repoussant son bouclier ; une jeune Furie qui l'incite par

ses appels belliqueux ; enfin, un monstre chimérique ayant le buste d'une femme, des ailes en guise de bras, un corps de serpent en place de tronc, et dont la bouche vomit la flamme et la fumée.

La Paix est plus largement représentée par le foyer domestique d'abord, et par de multiples attributs ensuite. C'est d'abord Isabelle Brant, — ce n'est que l'année suivante que Rubens épousera Hélène Fourment, — qui trône au milieu du tableau, tandis qu'un jeune Amour vient la couronner pour sa fécondité. L'artiste l'a vêtue du costume d'Eve avant le péché, pour repaître encore ses yeux aussi épris d'amour que d'esthétique. Elle presse avec douceur son sein charmant et le lait qui s'en échappe vient frôler les lèvres de son Benjamin. Les autres enfants, groupés avec un art exquis, restent émerveillés devant les produits de Pomone et de Flore, qui débordent d'une corne d'abondance.

Ceux-ci leur sont présentés par un vieux Faune aux oreilles anguleuses, au nez busqué, à la lèvre lippue, qui a troqué sa lascivité et son indolence pour la plus servile soumission. Entre ses personnages, un tigre, devenu agneau, se roule sur le sol et, avec une grâce toute féline, s'amuse à effeuiller des fleurs. Plus loin, une fille à la puissante carrure, étalant un de ces dos charnus que l'artiste aime à modeler, apporte dans cet Eden terrestre une coupe remplie de bijoux et d'objets précieux.

Mais Rubens n'oublie pas qu'il est l'envoyé de Philippe IV, et, dans l'angle gauche de la toile, il a campé une danseuse espagnole, qui chante en s'accompagnant, aux accords nationaux du tambour de basque et des castagnettes.

L'allégorie est encore plus compréhensible dans cette vieille peinture que Witkowski a dénichée à Vienne sans nous préciser l'endroit, et qu'il a reproduite dans les *Seins à l'église* (p. 259). C'est une divinité présidant à l'union des deux époux. D'après notre confrère, c'est Cybèle unissant un jeune souverain catholique, hongrois ou polonais, à une princesse levantine ; ce serait une allégorie célébrant l'alliance de la croix et du croissant.

Le jeune homme a la physionomie assez inexpressive ; sa tête est coiffée d'une couronne seigneuriale, surmontée d'une croix ; l'ensemble du corps est un peu gros et courtaud, un manteau tombe de ses épaules jusqu'à terre, et il tient un sceptre dans sa main gauche. C'est, évidemment, un seigneur chrétien.

La jeune fille a un air plus décidé, et c'est bien volontairement qu'elle met sa main dans celle de son futur époux ; sa chevelure flottant au vent est surmontée d'un croissant, emblème de sa race et de sa religion ; sa robe, largement ouverte, découvre sa poitrine et elle tient une clef provinciale dans sa main gauche.

La divinité qui va les unir est entre eux deux ; est-ce Cybèle ? La couronne murale qui orne sa tête a, en effet, été souvent attribuée à cette déesse, et une étoile d'où partent des rayons brille au-dessus d'elle. Son corps est entièrement nu, sauf un lambeau d'étoffe qui voile le bassin à la manière d'un pagne.

Deux particularités nous intéressent dans cette peinture : ce sont d'abord les trois mamelles que présente cette femme ; la troisième est médiane et se trouve placée au-dessus des deux autres. C'est, ensuite, son geste bénisseur, qui est essentiellement féminin ; sa main gauche, en effet, presse sa mamelle gauche et la fait gicler, de façon que son jet de lait vienne frapper le sein de la jeune fille pour lui imposer la fécondité.

Nous pourrions encore signaler, dans le genre allégorique, la toile que Victor Koos a exposée au Salon de 1902 : *Non omnis moriar*. C'est une mère faisant jaillir son lait dans la bouche d'un enfant, pendant que deux autres se disputent pour avoir cette gourmandise.

CHAPITRE IV

L'EXCRÉTION LACTÉE DANS LA NUMISMATIQUE.

La numismatique est un art plastique, qui tient à la fois de la statuaire et du dessin. Il ne faut pas s'attendre à rencontrer chez elle de nombreuses productions — qu'on me pardonne le néologisme — galactoboles. La raison principale de cette rareté, c'est qu'à l'origine et pendant de nombreuses années, les médailleurs se sont limités à l'effigie des dieux et des monarques ; ce n'est que beaucoup plus tard que leur burin est descendu des lignes du cou à celles de la gorge et même beaucoup plus bas. Aussi, nous estimons-nous heureux d'avoir pu en recueillir deux cas.

La naissance de Louis XIII fut accueillie avec joie par la France entière. Parmi les manifestations qui se produisirent à cette époque, nous devons signaler la frappe d'une médaille commémorative, dont le revers rentre justement dans notre sujet (fig. 27).

Au milieu de la médaille, est un vase amphorique, d'où s'élève un lis qui personnifie, à n'en pas douter, l'innocence du nouveau-né. Au-dessus de lui, une figure humaine, entourée de rayons, représente un soleil qui vient échauffer la jeune plante : c'est l'amour ardent de la nation pour son jeune roi.

De chaque côté est une femme : celle de droite, nonchalamment allongée, tient dans sa main droite une corne d'abondance, remplie de fleurs et de fruits, présage d'une royauté pacifique et féconde. Celle de gauche est debout, c'est Junon accompagnée de son paon fidèle ; cette déesse, dont le chef est coiffé — je me demande pourquoi — d'une couronne seigneuriale, a une tunique entr'ouverte jusqu'au pubis, ce qui est bien le record du décolletage antérieur. Aussi exhibe-t-elle un abdomen ombiliqué et deux tétons hémisphériques ; celui de droite, soutenu par la main du même côté, expulse par une contraction digitale un jet laiteux, qui vient asperger la plante, comme dans la *Flore* de Nattier.

Dans le centre supérieur de la médaille, est gravée cette légende :

ORITVR ET LACTE VIRESCIT.

Contraste instructif de l'Histoire ! Dans nos recherches numismatiques, nous n'avons rencontré que deux médailles ... galactoboles : l'une a été fondue pour se réjouir d'un avènement monarchique, l'autre a été ciselée pour fêter l'effondrement de la royauté. Il y a donc des flux et des reflux dans le domaine des idées artistiques, comme dans la destinée des peuples.

Nous avons rapporté au chapitre premier de ce travail comment sur les débris de la Bastille on avait élevé, d'après les plans du peintre David, la fontaine monumentale de la *Régénération*. Nous

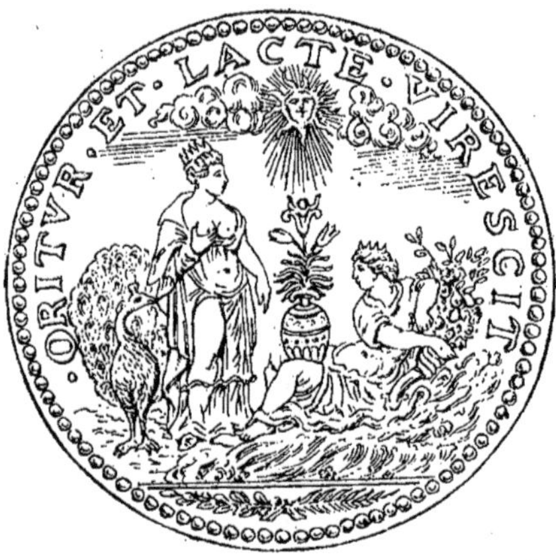

(Fig. 27.)

Médaille commémorative de la naissance de Louis XIII (1).

ne reviendrons pas sur cette fête de la période révolutionnaire, mais nous dirons que l'enthousiasme fut tel qu'on voulut la commémorer par la frappe d'une médaille.

Nous l'avons reproduite (fig. 10) malgré son caractère peu esthétique et à cause de sa seule originalité.

On y voit la Nature entre deux lions faisant jaillir de ses puissantes mamelles l'onde régénératrice, tandis qu'à ses pieds, Hérault de Séchelles, président de la Convention, élève un rameau d'olivier, et qu'un vieillard, courbé par les années et portant la bannière des départements, vient lui donner le baiser de paix. En exergue : 10 août 1793 ; en légende : *Régénération française.*

---

(1) Le jet de lait n'est pas représenté par suite d'un défaut du cliché.

CHAPITRE V

L'EXCRÉTION LACTÉE DANS LA TAPISSERIE.

La tapisserie, au moins autant que la numismatique, est pauvre en pareils sujets ; peut-être cela tient-il à la difficulté d'observer ces immenses panneaux, qu'on ne feuillette pas aussi facilement qu'un album et qu'on ne manie pas avec la même aisance qu'un médaillier.

Nous avons eu la bonne fortune d'examiner une tapisserie des Flandres, du commencement du xvii° siècle, qui rentre entièrement dans notre sujet ; nous la devons à l'amabilité de M. Paul Borelli Plagniol, un Mécène marseillais qui en est le possesseur, et auquel nous adressons nos très sincères remerciements.

Il s'agit, très vraisemblablement, d'un épisode de l'*Odyssée*, dans lequel le dessinateur a placé une fontaine ubérale, comme nous l'avons vu faire à Rubens, Baron, etc... Je dis qu'il s'agit d'un épisode de l'*Odyssée*, parce que cette tapisserie a un pendant qui représente Circé changeant en pourceaux les compagnons d'Ulysse. Je suppose que l'artiste a voulu reproduire, avec des variantes sur la tradition homérique, le moment où Pénélope — c'est un vrai sujet de tapisserie — hésite et ne veut pas croire qu'après vingt ans d'absence Ulysse est enfin devant ses yeux.

En tout état de cause, voici le sujet de cette tapisserie :

Un guerrier, à la stature imposante, le chef couvert d'un casque, la poitrine ceinte d'une riche cuirasse recouverte d'un opulent manteau, les jambes mi-nues au-dessus de brodequins de cuir, se tient debout devant une femme agenouillée ; sa main gauche s'appuie sur l'épaule de la femme, tandis que sa main droite est élevée, le glaive tendu et menaçant.

La femme, drapée dans un manteau soyeux, dont les bleus se nuancent en une gamme variée, a l'attitude d'une suppliante ; prosternée devant le héros, ses mains se tendent en avant comme pour implorer sa clémence.

A côté de ces deux personnages principaux, en existent trois autres. L'un, une vieille femme, — sans doute Euryclée, la nourrice d'Ulysse, — s'appuie d'une main sur une balustrade, tandis que son autre main se porte en avant, pour élever un rempart entre l'épée meurtrière et le corps de sa maîtresse.

Les deux autres personnages sont deux servantes : l'une, à côté d'Euryclée, tient en main une aiguière d'or qu'elle relient avec effroi ; l'autre, à la droite du panneau, contemple cette scène.

Mais les accessoires ont pour nous plus d'attraits que la scène elle-même. L'artiste l'a placée dans un jardin, qu'il peuple anachroniquement de perroquets et de dindons, animaux dont Homère ne parle pas. Il y a aussi un énorme dogue, qui ne saurait être Argus, le vieux chien d'Ulysse, puisqu'il mourut quelques instants à peine après avoir vu et reconnu son maître.

Enfin, à la gauche du panneau, est une fontaine ultra-fantaisiste. Au-dessus d'une énorme conque, se voit une Vénus agenouillée, ayant à ses côtés un jeune Amour, qui tient en main l'arc classique. Les deux seins de la Déesse, comprimés, l'un par sa propre main, l'autre par le bras de l'enfant, projettent dans la conque deux jets liquides, dont celui de gauche est happé au passage par un perroquet. Enfin, au-dessous de la coquille, un enfant nu expulse, sans émotion, le trop-plein de sa vessie. C'est encore une fontaine à la fois ubérale et uréthrale.

CHAPITRE VI

L'EXCRÉTION LACTÉE DANS LA CARICATURE.

Le mot « caricature » doit être pris ici dans son acception la plus large. Nous comprenons sous ce vocable les dessins qui fustigent les vices, ridiculisent les grotesques, censurent les mœurs, et exercent sur toutes choses une verve satirique.

Nous ne rencontrerons dans cet ordre d'idées que des sujets français, sauf un, et il n'y a pas lieu de s'en étonner. Ces sujets, en effet, voisinent avec la grivoiserie, et demandent, sous peine de tomber dans la trivialité, à être estampés d'une touche légère ; or, on peut dire, en parodiant un mot célèbre : le crayon français est le plus spirituel du monde.

La variété des motifs ne nous permet pas d'établir un classement méthodique, et notre beau désordre sera autant un effet de l'art que des circonstances.

Nous commencerons, — *Messieurs les Anglais, tirez les premiers,* — par signaler un personnage fantastique, que le caricaturiste anglais James Gillray a campé dans son *Apothéose de Hoche.*

C'est une mégère furieuse, personnifiant la dévastation. A ce titre, nous eussions pu en parler au chapitre ALLÉGORIE, mais les traits sont tellement poussés jusqu'à la charge, qu'il nous paraît plus juste de la faire figurer ici.

C'est une harpie incendiaire qui fend l'espace en de folles enjambées, semant sur ses pas la terreur et le carnage ; son corps est un squelette silhouetté à la diable, son crâne est recouvert d'une chevelure méduséenne, et de sa bouche, démesurément ouverte, s'exhalent des vapeurs incandescentes.

Sa main droite brandit une épée flamboyante, sa main gauche verse à flots l'huile bouillante, qui s'échappe également en jets brûlants de ses deux seins décharnés et flétris. L'ensemble est sinistre, hideux, apocalyptique.

Tournons vite le feuillet et passons à des sujets plus badins. Voici, justement, les *Jeux de l'Amour,* que le crayon malicieux de MALLET offre à nos regards (fig: 28).

Les jeux de l'Amour, ah ! certes ! ils sont nombreux et combien variés ! L'artiste s'est pourtant tiré avec beaucoup d'esprit de ces sujets scabreux et, en quelques coups de pinceau, il a créé un poème anacréontique.

Deux jeunes femmes, fraîchement initiées au doux mystère, égarent sous la charmille leurs rêveries amoureuses ; dans un coin ombragé du jardin, se dresse la statue du petit Dieu qui a fait battre leur cœur ; elles s'assoient sur un banc, face à lui, et devisent entre elles sans le quitter des yeux. Quelles pensées intimes soulèvent leur poitrine ? Sont-elles venues dans ce lieu solitaire poussées par un sentiment de reconnaissance ou par un désir de vengeance ? Je ne sais. Mais, tout d'un coup, l'une d'elles, dégrafant son

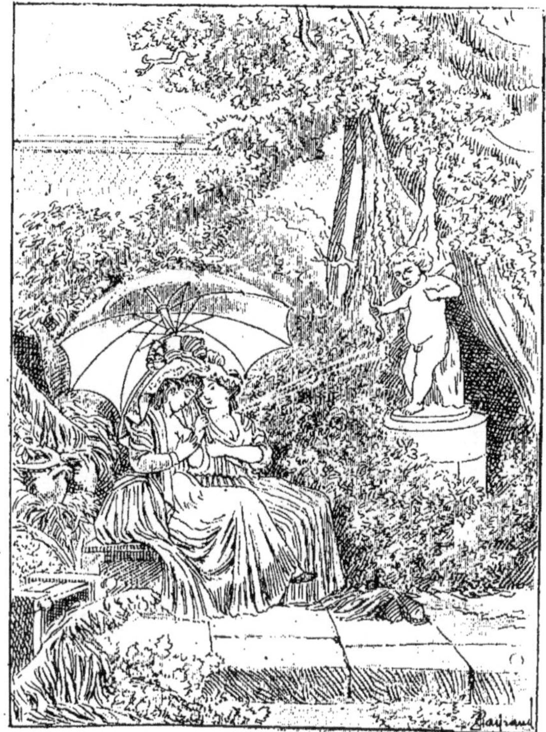

(Fig. 28.)

MALLET. — *Les jeux de l'Amour.*

corsage, presse son sein droit et lance un jet de lait à l'enfant de Cythère. Est-ce un jeu de l'amour, est-ce un jeu du hasard, le jet de lait vient frapper le Dieu polisson à l'endroit où... l'on est puni par où l'on a péché.

Ce dessin sans légende est d'un charme exquis, parce qu'il laisse toute liberté d'interprétation au spectateur qui, selon son imagination, y voit ou plus ou moins : de la sorte,

Vous ne faites rougir personne
Et tout le monde vous entend.

La même réflexion peut s'appliquer à l'*Alma Mater*, qu'Ulysse Roy a dessiné pour l'*Écho du Boulevard*. C'est encore une romance sans parole, sur un air différent.

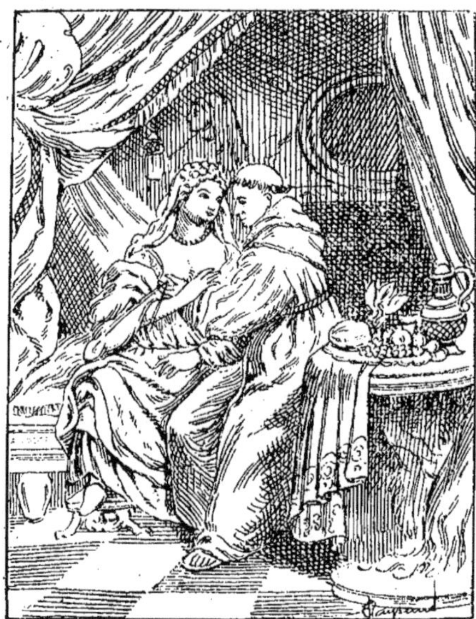

(Fig. 29.)

Une aphrodisiaque jeunesse, aux pieds de biche, aux regards aguichants, verse avec largesse le lait de ses mamelles et se fait la mère nourricière du monde énigmatique où l'on s'amuse ; tandis qu'à sa droite, c'est une fille comme il en faut, à la croupe provocante, qui reçoit dans sa bouche le jet écumeux, à sa gauche, c'est un diable en rupture de bénitier qui tend, en suppliant, la coquille où le lait s'éclabousse.

Abordons un sujet plus risqué et qui fleure un parfum d'anticléricalisme. Nous le rapportons impartialement, répétant ce que le bon La Fontaine disait à la gent encapuchonnée de son époque :

ROMANCE SANS PAROLE

Ce n'est pas moi qui le souhaite ainsi :
Si vous teniez toujours votre bréviaire,
Vous n'auriez rien à démêler ici.

Donc il s'agit d'un jeune moine (fig. 29), descendant sans doute de ces fameux cordeliers de Catalogne dont il est parlé dans les *Cent nouvelles nouvelles*, qui, talonné par l'aiguillon de la chair, s'est épris d'une beauté facile,

Douce d'humeur, gentille de corsage.

L'histoire ne dit pas combien de temps dura le siège de la citadelle ; mais, à en juger par la faiblesse de la défense, ce dut être très court. Quoi qu'il en soit, l'ennemi est déjà dans la place, et tandis que, d'un côté, la résistance mollit, de l'autre, les assauts sont plus entreprenants :

Puis une main dans le pays s'avance,
L'autre s'en va rechercher ces deux monts
Qu'en nos climats des gens nomment tétons ;

alors, dans un spasme plus voluptueux, les doigts pressent trop fort, le sein se dégonfle en fusées inoffensives : c'est la dernière cartouche de la résistance ; toutes les barricades sont renversées, il n'y a plus qu'à subir le joug du vainqueur.

En vérité, tout cela n'est pas bien méchant, mais étant donné le costume et le personnage, le froc et le frocard, c'est tout de même salé.

Dans les œuvres de Boccace, La Fontaine et aultres joyeux conteurs, on trouve des dessins beaucoup plus suggestifs, mais, à ma connaissance, il n'y en a pas avec l'excrétion lactée.

L'humour de nos artistes ne s'est pas cantonné dans l'*Anti-moine*. Beaucoup sont, même, plus épicuriens que rabelaisiens. L'un d'eux, et non des moindres, Léo Denaisne, ayant été prié par la Société des amis le *Bon Bock*, d'illustrer le menu d'un de leurs dîners mensuels, transforma avec esprit une jouvencelle en fontaine de Jouvence.

Une accorte beauté s'offre à nos regards

En un habit que, vraisemblablement,
N'auraient pas fait les tailleurs d'un couvent,

car elle n'a pour tout vêtement qu'une couronne de lauriers sur la tête et un lambeau d'étoffe sur les genoux ; sa poitrine en plein vent, elle presse avec une rigoureuse correction ses deux seins, — jolies ballottes de plaisir, comme disait Béroalde de Verville, — et les vide dans un bock, mariant ainsi l'écume de son lait à la mousse de la bière. C'est un double hommage rendu simultanément à Vénus la blonde et au non moins blond Gambrinus.

Louis Morin a, lui aussi, d'un crayon léger, fait une illustration
pour menu de banquet (fig. 3o). Cette composition pourrait servir
de réclame à ces nombreux laits pasteurisés, qui recherchent avec
tant d'avidité une estampille médicale. Sans doute, on ne saurait
affirmer que ce lait soit stérilisé ; mais il n'est pas téméraire de pré-
juger que la laitière n'est pas stérile. Son produit est tonique, apé-
ritif, diurétique et aphrodisiaque. Quelle est, de ces vertus médi-

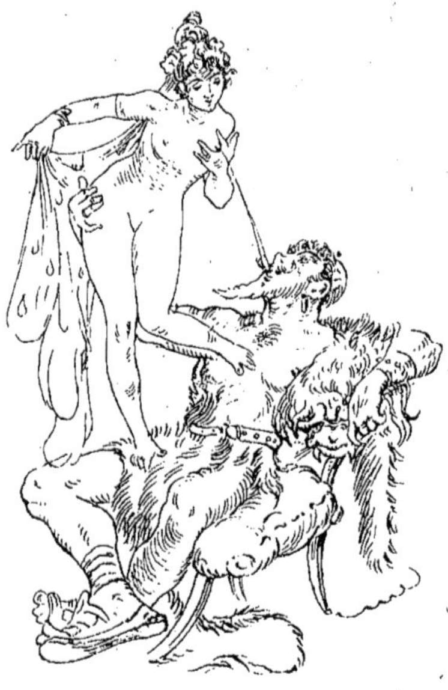

(Fig. 3o.)

Louis Morin. — Menu de banquet.

camenteuses, celle que recherche le jeune Hercule, vêtu d'une peau
de lion, qui, dans une pose plus donjuanesque qu'indolente, n'a
qu'à ouvrir la bouche pour contenter ses désirs ? C'est, vraisemblablement, la dernière, car il a tout l'air de filer aux pieds d'Om-
phale..... le parfait amour.

Pour clore cette étude, nous donnerons une de ces boutades à
l'emporte-pièce, une de ces charges pleines d'esprit gaulois, qui
pourrait être signée aussi bien Cham que Daumier, aussi bien Forain
qu'Abel Faivre : c'est le choix d'une nourrice (fig. 31).

Pendant qu'au fond le médecin esquisse un sourire narquois, le Monsieur qui prétend s'y connaître dit à la grosse Normande qu'on lui présente : « Mais, ma bonne enfant, vous n'avez pas assez de lait. » — Pas assez de lait ! Vlan ! et, pour toute réponse, notre campagnarde, comprimant ses réservoirs, asperge copieusement le malin qui, surpris par cette douche rafraîchissante, fait d'amères réflexions sur le danger des ballons explosifs.

Depuis la publication de ce travail dans la *Chronique médicale*, j'ai reçu de divers lecteurs de ce journal plusieurs communications dont je les remercie cordialement ; je crois devoir, dans l'intérêt de la documentation, en résumer ici quelques-unes.

Le Dr Gallavardin (de Lyon) m'a envoyé le calque d'une

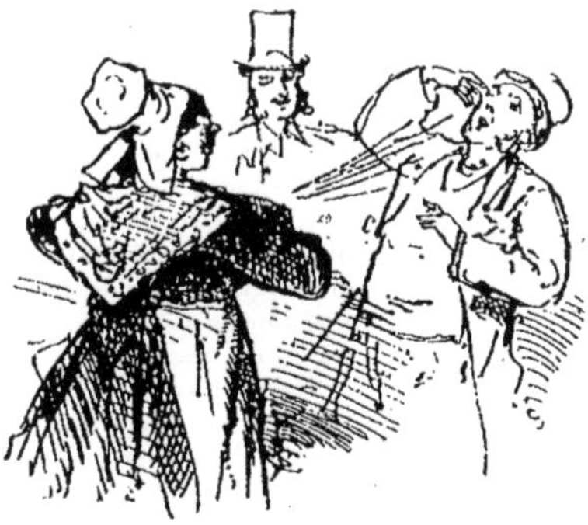

(Fig. 31.)

Le choix d'une nourrice.

gravure représentant une fontaine ubérale. Cette fontaine, en marbre et cuivre doré, est formée d'un piédestal rectangulaire que surmonte la statue d'un César romain. Aux quatre angles du soubassement sont des enfants tenant des dauphins qui crachent de l'eau, tandis que sur les faces se voient des bustes de femme dont les seins projettent du liquide dans le bassin qui entoure la fontaine.

Pas plus que le Dr Gallavardin je ne saurais dire si c'est la reproduction d'une fontaine ou le projet d'un artiste. Au bas de la gravure se trouve l'écrit suivant : *Fons Ampliss : ex Marmore et Aurichalco Reipubl : August : ante ipsam curam positus, Opus Huberti Gerardi. Franc Aspruk delineavit.*

A propos du sacre de Henri II à Reims en 1547, le Dr Octave

Guelliot (de Reims) me communique le passage suivant de Guillaume Marlot (*le Theatre d'honneur et de magnificence préparé au sacre des Roys. — Reims, 1643*) :

A peine le Roy a-t-il passé en théâtre, qu'il rencontre au bout de la rue un jardin de plaisance bati sur un échaffant où cloit un lys à trois fleurons qui portoient chacun un enfant vêtu de drap d'argent et de taffetas... Proche du lys, principalement fleur du jardin de plaisance, étoit une fille richement parée, laquelle jettoit en abondance du lait par ses mammelles et representoit la Charité, Reine des Vertus, par laquelle Dieu même a souvent été figuré par les Anciens.

Enfin, à propos de l'allaitement d'Héraclès, le Dr Finot (de Troyes) m'a communiqué un dessin de Lebrun qui semble bien être un projet de peinture pour plafond. Ici, c'est Minerve elle-même qui tient Héraclès sur le flanc de Junon, mais comme l'enfant tète avidement, l'excrétion lactée fait défaut.

Si, arrivé au terme de cette étude, nous voulons en dégager en quelques mots l'idée dominante, nous voyons que le phénomène physiologique de l'excrétion lactée a été connu et étudié par les artistes, qui se sont évertués à le reproduire avec le plus de véracité possible.

Tandis que les sculpteurs ont été obligés de se cantonner dans la fiction des fontaines ubérales, les peintres, dont le pinceau a plus de liberté que l'ébauchoir, ont élargi le cercle de leur conception : les uns l'ont suivi pas à pas dans l'histoire et la légende ; les autres l'ont utilisé pour des images allégoriques ; quelques-uns s'en sont servis pour émoustiller les sentiments grivois.

Ne blâmons pas trop ces derniers, car les artistes partagent avec les corsetières le privilège de faire... des niches aux seins.

Extrait de la *Chronique Médicale*

www.ingramcontent.com/pod-product-compliance
Ingram Content Group UK Ltd.
Pitfield, Milton Keynes, MK11 3LW, UK
UKHW021452090726
13657UKWH00003B/1341